慧眼识藏 深地逐梦

中油测井现代企业管理知行体系探索与实践

中油测井知行体系编委会 ◎ 编著

石油工业出版社

图书在版编目（CIP）数据

慧眼识藏、深地逐梦：中油测井现代企业管理知行体系探索与实践 / 中油测井知行体系编委会 编著 . --北京：石油工业出版社，2025.6.

ISBN 978-7-5183-7500-4

Ⅰ . F426.22

中国国家版本馆 CIP 数据核字第 202541BS32 号

出版发行：石油工业出版社

（北京安定门外安华里 2 区 1 号 100011）

网　　址：www.petropub.com

编 辑 部：（010）64257021　图书营销中心：（010）64523633

经　　销：全国新华书店

印　　刷：北京中石油彩色印刷有限责任公司

2025 年 6 月第 1 版　　2025 年 6 月第 1 次印刷

740×1060 毫米　开本：1/16　印张：15.5

字数：210 千字

定　价：68.00 元

（如出现印装质量问题，我社图书营销中心负责调换）

版权所有，翻印必究

编委会

主　　任：金明权

副主任：张文青　张　宪　安维东

成　　员：马潜为　武延锋　王　峰　陈晓明　韩能润
　　　　　李汉忠　刘　越　万金彬　方抒睿　王德隆
　　　　　杨成刚　陈　凡　张　晗　金　伟　郑海波
　　　　　张志江　田卫国　王晓菲　叶　振　宋德静
　　　　　崔启慧

指导专家

宋传修　刘金平　刘学民　卢贤瑞　闫建文　吴永刚
侯　斌　王丽花　李纯青　魏泽龙　黎　荔　张雪梅

主要参与人员

王涯菲　李雪松　郭文元　郑军锋　赵　超
喻安友　邵　舒　刘雨烟　葛文帅　完颜红兵
樊军强　李廷园　杜俊强　冯俊贵　韩智鑫
范宇翔　刘立蒙　陈军胜　姜　乔　华　剑
王晓磊　高荣兵　刘大龙　郑鹏飞　张永迪
马永忠　王　伟　王　谦　戴卓勋　李　倩
王　斐　王　航

代序
PREFACE

用中华优秀传统文化擦亮测井"慧眼"

习近平总书记在党的二十大报告中指出:"只有把马克思主义基本原理同中国具体实际相结合、同中华优秀传统文化相结合,坚持运用辩证唯物主义和历史唯物主义,才能正确回答时代和实践提出的重大问题,才能始终保持马克思主义的蓬勃生机和旺盛活力。"习近平总书记关于"两个结合"的重大论断,为新时代推进企业管理创新和企业文化繁荣,高质量发展中国式现代化测井事业提供了根本遵循和制胜法宝。从中华优秀传统文化宝库中汲取管理哲学和智慧,探索具有中国石油测井特色的现代企业管理创新与发展新路径,是我们义不容辞的使命和责任。

"十四五"以来,在中国石油天然气集团有限公司党组的正确决策和坚强领导下,在中国石油集团油田技术服务有限公司党委的大力支持和关心指导下,中国石油集团测井有限公司大力弘扬石油精神和大庆精神铁人精神,锚定建设世界一流测井公司发展目标,着力增强核心功能、提升核心竞争力,奋力当好支撑保障国家能源安全的"顶梁柱",交出一份找油找气、砥砺奋进的测井答卷。这个过程中,逐步培育了独具特色的"慧眼识藏、深地逐梦"测井精神,不仅在文化层面凝练为干部员工高度认同的核心价值理念,更在认识和实践层面上升为知行统一、守正创新的科学思维与方法。我们用测井精神推动"两个结合"落地转化,将中华优秀传统文化、现代管理理论之"知"与企业

慧眼识藏　深地逐梦
中油测井现代企业管理知行体系探索与实践

改革、创新和发展之"行"有机融合，形成一套具有鲜明"知行合一"特点的现代企业管理制度和方法，为测井事业行稳致远探索出一条新的路径。

为进一步探索马克思主义和中华优秀传统文化相结合并融入企业管理的有效途径，更好地推动特色鲜明的世界一流测井公司建设，2023年6月，中油测井正式启动"慧眼识藏、深地逐梦——中油测井现代企业管理知行体系探索与实践"（以下简称知行体系）课题研究。历时21个月，课题组付出大量努力，成果报告经专家、同仁的悉心指导，几易其稿，最终付梓。

知行体系在"两个结合"指导下，以"慧眼识藏、深地逐梦"为主题，以"知行合一"为主线，构建中油测井现代企业管理知行体系，提升测井精神深刻而独特的价值维度，激活中华优秀传统文化的现代生命力，由理论到实践，由宏观到微观，由抽象到具体，逻辑自洽、浑然一体，四个篇章逐一展开。

"使命篇"：明确中国式现代化背景下，国有企业肩负的时代使命和责任担当，运用"两个结合"推进企业管理体系创新的重要性和必要性；阐释中油测井通过探索"知行合一"现代企业管理体系，凝聚全体干部员工勠力同心加快建设特色鲜明的世界一流测井公司，在服务国家重大战略中彰显企业使命和价值。

"致知篇"：聚焦企业经营管理，创新提炼出经营"六观"和管理"八要"。经营"六观"即道德观、价值观、义利观、常变观、人本观、和谐观，管理"八要"即取势、善法、优术、利器、尚贤、崇文、竞合、共生，形成具有测井特色的"致知"理论架构，确立一套基于"两个结合"的价值理念体系，为中油测井深化经营管理实践提供思维引领和方法指导。

"践行篇"：全面介绍包括"兴企有为"的战略管理、"惟实励新"的业务管理、"义利统一"的经营管理、"选贤任能"的队伍建设、"崇德广业"的文化建设五个维度的企业管理"践行"系统，完整呈现了在推进中国式现代化背景下，中油测井牢记习近平总书记"能源的饭碗必须端在自己手里"的殷殷嘱托，吸收继承中华优秀传统文化富含的思想智慧、为政理念、科学思维，全面激发企业创新创造活力，推进测井事业高质量发展的生动实践。

"特色篇"：优选战略规划、业务管理、深化改革、科技创新、市场开拓、财务管理、人力资源管理、品牌文化建设等方面的典型案例，通过深入分析，在具体实践层面展现知行体系的核心要点、关键环节、重要举措、特色做法，为现代企业管理提供借鉴和启示。

知行体系具有三个鲜明特点。

一是创新性。深刻把握"两个结合"精髓要义，牢牢抓住马克思主义这个魂脉、中华优秀传统文化这个根脉，从企业具体实际出发，主动置身进一步全面深化改革、推进中国式现代化大局，提出中油测井现代企业管理知行体系，融会"两个结合"，贯通"知行合一"，实现守正创新前提下的转化发展，不仅为中油测井现代企业管理提供了实践路径，也是对马克思主义中国化时代化这个重大命题在企业管理中的探索。

二是系统性。对企业经营管理的全要素、全过程、全架构进行较为深入的探索，呈现中油测井现代企业经营管理的系统性成果。"使命篇"明确构建现代企业管理知行体系旨在推进世界一流测井公司建设，"致知篇"构建中油测井现代企业管理的"致知"系统，"践行篇"构建五个维度现代企业管理的"践行"系统，"特色篇"汇集实践案例、形成具体操作系统。各篇之间密不可分、相互依存，共同组成一个完整的知行体系。

三是实践性。知行体系产生于实践，又将指导提升实践。中油测井以建设中国式现代企业为己任，聚焦建设世界一流测井公司，从实际出发，以解决经营管理现实问题为导向，在全面总结管理实践经验的基础上，创建具有鲜明"传统文化特性、石油行业特点、测井专业特色、国际企业特征"的知行体系。这一体系也将在中油测井迈向世界一流的实践中发挥积极作用，并在实践中获得不断丰富和发展。

慧眼识藏 深地逐梦
中油测井现代企业管理知行体系探索与实践

循古贤智慧，筑成事根基。中华优秀传统文化运用于企业管理，是一个具有重大理论意义和实践价值的课题，中油测井现代企业管理知行体系是一个开端，而探索没有止境。让我们不懈探索把马克思主义与中华优秀传统文化相结合融入现代企业管理的有效途径，打造企业独有的核心竞争力，更加从容自信面向未来，奋力建成特色鲜明的世界一流测井公司，为中国石油建设基业长青的世界一流综合性国际能源公司、保障国家能源安全贡献测井力量！

中国石油集团测井有限公司执行董事、党委书记

2025 年 3 月 18 日于西安

目录
CONTENTS

使 命 篇

第一章 新时代国有企业使命与担当　　003
　　一、全面推进企业现代化建设　　003
　　二、持续深化国有企业改革　　005
　　三、切实扛起央企文化责任　　007

第二章 国有企业管理创新与实践　　013
　　一、国有企业管理演进历程　　013
　　二、坚持"两个一以贯之"　　017
　　三、锚定建设世界一流目标　　021

第三章 中油测井知行体系探索与构建　　023
　　一、知行合一的时代价值　　023
　　二、测井精神的意蕴内涵　　025
　　三、知行体系的探索构建　　029

致 知 篇

第四章　中油测井经营"六观"　　035

　　一、道德观——明德弘道　　035
　　二、价值观——能源报国　　038
　　三、义利观——义利兼顾　　042
　　四、常变观——知常达变　　044
　　五、人本观——以人为本　　048
　　六、和谐观——厚生惟和　　051

第五章　中油测井管理"八要"　　055

　　一、取势——顺势而为　　055
　　二、善法——治企有方　　056
　　三、优术——术有专攻　　057
　　四、利器——器用专精　　058
　　五、尚贤——举贤任能　　060
　　六、崇文——以文化人　　061
　　七、竞合——合作共赢　　062
　　八、共生——天人合一　　063

践 行 篇

第六章 "兴企有为"的战略管理　　067
  一、形势分析：审时度势、守常知变　　068
  二、谋划布局：运筹帷幄、纲举目张　　073
  三、组织实施：谋定后动、循次而进　　077
  四、评估调整：鉴往知来、扬长补短　　080
  五、改革创新：革故鼎新、与时偕行　　082
  六、生态构建：同舟共济、和合共建　　086

第七章 "惟实励新"的业务管理　　092
  一、科技创新：道技合一、以道驭技　　092
  二、装备制造：如切如磋、如琢如磨　　102
  三、技术服务：知己知彼、善战应势　　105
  四、评价应用：致知穷理、见微知著　　108
  五、风险管理：未雨绸缪、防微杜渐　　111
  六、数智转型：驭时而进、向新而行　　117

第八章 "义利统一"的经营管理　　121
  一、市场开发：因势利导、分类施策　　121
  二、规划计划：事预则立、不预则废　　125
  三、财务管理：强本节用、精打细算　　127

四、合规管控：缘法而治、规行矩步　　131

　　五、绩效管理：使法量功、计功程劳　　135

第九章 "选贤任能"的队伍建设　　138

　　一、组织优化：去冗从简、力专则强　　138

　　二、干部管理：德才兼备、正位凝命　　143

　　三、人才工程：知人善任、唯才是举　　150

　　四、创新机制：生聚理用、人才辈出　　154

第十章 "崇德广业"的文化建设　　161

　　一、文化引领：上下同欲、和谐共创　　161

　　二、文化落地：外化于行、和为共进　　167

　　三、品牌建设：价值创造、和质共荣　　170

　　四、社会责任：家国情怀、和衷共济　　176

特 色 篇

　　一、中华优秀传统文化运用于战略管理　　183

　　二、中华优秀传统文化运用于业务管理　　193

　　三、中华优秀传统文化运用于经营管理　　201

　　四、中华优秀传统文化运用于队伍建设　　209

　　五、中华优秀传统文化运用于文化建设　　217

后记　　225

参考文献　　229

使命篇

　　知责于心，履责于行。企业使命是企业在社会经济发展中应担当的角色和责任，是企业追求的核心目标和存在的价值。作为测井国家队、主力军，中油测井肩负支撑保障国家能源安全重任，奋力建设特色鲜明的世界一流测井公司，在推进中国式现代化中书写"慧眼识藏、深地逐梦"新画卷。

第一章　新时代国有企业使命与担当

党的二十大报告指出："从现在起，中国共产党的中心任务就是团结带领全国各族人民全面建成社会主义现代化强国、实现第二个百年奋斗目标，以中国式现代化全面推进中华民族伟大复兴。"国有企业是中国特色社会主义的重要物质基础和政治基础，是中国共产党执政兴国的重要支柱和依靠力量。坚持党对国有企业的全面领导，坚持社会主义市场经济改革方向，坚定不移做强做优做大国有企业，不断增强核心功能、提升核心竞争力，以中国式现代化全面推进强国建设、民族复兴，是国有企业肩负的重大使命与责任。中油测井深入学习贯彻习近平新时代中国特色社会主义思想，认真落实中国石油党组进一步全面深化改革、加快建设世界一流企业的新部署新要求，坚定企业发展战略，持续深化改革创新，高质量奋进特色鲜明的世界一流测井公司建设新征程，在推进中国式现代化中展现测井作为。

一、全面推进企业现代化建设

中国式现代化扎根中国大地、传承中华文明、切合中国实际、独具中国特色，集中体现中国共产党的宗旨使命，深刻反映社会主义本质，为国有企业推

---

* 本书中中国石油天然气集团有限公司统一简称为中国石油；中国石油集团油田技术服务有限公司统一简称为中油技服；中国石油集团测井有限公司统一简称为中油测井。

慧眼识藏　深地逐梦
中油测井现代企业管理知行体系探索与实践

进现代化提供方向指引，赋予六个方面的时代内涵。

公司治理现代化。继续完善和发展中国特色现代企业制度，不断推进公司治理体系和治理能力现代化。加快构建与世界一流企业相匹配的体制机制，推动生产关系和新质生产力、公司治理和企业发展更好相适应，进一步激发企业活力和效率。

科学技术现代化。加快提升科技创新能力，在建立联合创新体、形成创新生态链上打头阵，勇当原创技术"策源地"，更大范围、更高层次、更深程度融入国家创新体系。加快关键技术攻关，提高成果转化水平，研发和掌握更多的"国之重器"。

企业管理现代化。适应现代化生产力发展的客观要求，健全国有企业市场化经营机制，促进产业链创新链价值链深度融合。完善企业战略体系，健全培育和发展新质生产力体制机制，加快管理数字化、智能化升级，建立更加成熟的中国特色现代企业管理体系。

绿色发展现代化。深入推进碳达峰碳中和，推动能源清洁低碳高效利用，坚定不移走节能降耗减排、保护生态环境的绿色发展之路。推动传统产业转型升级，提供绿色产品、创新绿色技术、建设绿色工厂，做好绿色发展的"先行者"。

企业文化现代化。构建以社会主义核心价值观为统领，汲取中华优秀传统文化的丰富营养，传承国有企业先进精神，体现先进国际文化元素的企业文化体系。加强文化品牌国际传播，在国际化经营和经济合作中讲好中国企业故事。

员工队伍现代化。尊重员工首创精神，提升员工综合素质，畅通人才成长通道，打造员工与企业的共同成长机制，在实现个人自我价值中不断增强对企业的认同度和归属感，培育新时代具有现代化专业技术技能的高素质员工队伍。

使命在肩，初心如磐。中油测井深刻理解把握中国式现代化的本质要求、鲜明特征、中国特色，坚持"治理完善、科技创新、管理精益、绿色发展、文化先进、队伍过硬"，坚定走高质量发展之路，以更加奋发有为的精神状态加快世界一流测井公司建设，为中国式现代化贡献测井力量。

二、持续深化国有企业改革

作为中国特色社会主义的重要物质基础和政治基础，国有企业必须把全面建设社会主义现代化国家、实现中华民族伟大复兴作为根本使命。党的二十届三中全会科学擘画了以进一步全面深化改革推进中国式现代化的宏伟蓝图，作出新时代新征程推动全面深化改革向广度和深度进军的总动员、总部署。牢牢把握正确方向，贯彻中央进一步全面深化改革部署，以更高站位、更大力度纵深推进改革，成为国有企业履行新使命的必然选择。

（一）牢牢把握深化国资国企改革的原则要求

党的二十届三中全会把国资国企改革纳入全面深化改革的战略全局，明确了国有企业在新征程深化改革的总体方向。坚持和加强党对国有企业改革的全面领导。中油测井坚持把党的领导贯穿深化改革的各方面全过程，持续推动党的建设与生产经营深度融合，不断加强领导班子和干部队伍建设，积极营造风清气正的良好政治生态，切实发挥高质量党建的引领保障作用。持续推动国有资本和国有企业做强做优做大。中油测井坚持专业化、一体化、国际化发展，坚持改革创新双轮驱动，国际国内齐头并进，不断增强核心功能提升核心竞争力，2025年全面完成"十四五"规划目标，推动建成特色鲜明的世界一流测井公司，规模实力稳居世界前三；到2030年，基本建成世界一流测井公司，科技实力稳居中国石油第一方阵，主体技术进入世界先进行列，测井文化体系更加完善，CNLC品牌价值显著提升，公司治理、精益管理水平和抗风险能力进一步增强，全员劳动生产率和人力资源价值大幅提升。坚持积极服务国家重大战略。作为我国规模最大、产业链相对完整的专业化测井公司和国家高新技术企业，中油测井胸怀"国之大者"，在主动服务国家深地深海战略、支撑保障国家能源安全中实现高质量发展。

（二）坚持增强国企核心功能提升核心竞争力的改革重点

党的二十届三中全会对国资国企改革进行了系统的部署，明确增强核心功能和提升核心竞争力的根本要求。核心功能是国有企业实现经济属性、政治属性和社会属性有机统一的集中体现，是坚决扛起新时代新征程国企新使命新任务的必然要求。核心竞争力是国有企业制胜市场、基业长青的能力，由独特的产品、技术、人才、管理和文化等要素构成，是夯实企业高质量发展的坚实基础。坚持把党的领导融入公司治理各环节、贯穿生产经营全过程，是国有企业建设世界一流企业的根本之道。

中油测井总体规模在测井行业国内第一、世界前三。作为测井"国家队"和服务油气"主力军"，必须服务国家战略需求、落实重大战略任务。核心功能重点体现为国家深地探测的"主力军"、支撑保障国家能源安全的"顶梁柱"、测井原创技术策源地和现代产业链链长的"国家队"、中国测井行业高质量发展的"引领者"。作为国际化测井公司，中油测井具备完整产业链，技术发展迅速，积极参与国际能源合作和市场竞争。核心竞争力主要体现为一流经营规模和综合一体化的产业结构、领先的技术产品和先进的装备制造能力、与世界一流相适应的管理体系、一支高质量综合化的测井人才队伍、具有较强知名度和影响力的特色文化。

（三）充分发挥科技创新、产业控制、安全支撑"三个作用"

深化国资国企改革，要切实把提升国有企业战略功能价值放在优先位置，更好发挥科技创新、产业控制、安全支撑作用，以发展的确定性稳大局、应变局、开新局。

科技创新是根本。中油测井坚持高水平科技自立自强，把创新作为引领发展的第一动力。推进"十大科技创新项目"攻关，加强基础理论方法研究，建立测井技术标准，实施"平台+项目"科研管理，打造世界领先水平的CPLog测井装备和CIFLog软件平台，智能测导、高温快测、FITS过钻具等成果被认定为国际先进。建成国内最大的测井数据库和海外岩心数据库，发布测井人工智能大模型，测井数智化转型走在中国石油前列。

产业控制是关键。中油测井紧扣国家战略和客户需求，研究布局新兴产业，加快培育发展新质生产力。依托自身优势，携手100多家科研院所、高新企业、测井同行深层次合作，建立新一代CPLog成像测井装备联盟、测井创新联合体，与国际三大油服企业发展新型合作关系，共同促进行业内技术共享和交流。汇聚各方力量共建千亿级规模测井产业链，构建现代化测井产业新形态，引领测井行业发展。

安全支撑是底线。中油测井坚持研发、制造、服务、应用"四位一体"业务发展，深耕国内油气测井市场，拓展海外测井服务市场，不断补链、延链、强链，推动服务能力持续升级，与油气勘探开发产业链深度融合，为油气田提供全生命周期的高质量测井技术服务，确保测井业务安全高效支撑，充分体现测井地质家"眼睛"和油气藏开发"医生"作用，助力油气增储上产、降本增效，支撑中国石油当好保障国家能源安全的"顶梁柱"。

三、切实扛起央企文化责任

中国式现代化是物质文明与精神文明相协调的现代化，不仅是技术和物质进步的过程，更是文化自我认知和创新发展的过程。"两个结合"的深入实践，

慧眼识藏　深地逐梦
中油测井现代企业管理知行体系探索与实践

进一步推动马克思主义中国化和中华优秀传统文化现代化，是构建中国式现代企业文化的根本路径。

（一）深入贯彻习近平文化思想

习近平文化思想内容丰富、内涵深刻，涵盖理论武装、舆论宣传、思想道德建设、精神文明建设、文化繁荣发展、网络建设管理、文明交流互鉴等方方面面，深刻回答了新时代我国文化建设举什么旗、走什么路、坚持什么原则、实现什么目标等根本问题。习近平文化思想是把马克思主义基本原理同中国具体实际、同中华优秀传统文化相结合的光辉典范，创造性提出继续推动文化繁荣、建设文化强国、建设中华民族现代文明的新时代新的文化使命。习近平文化思想明体达用、体用贯通，是实现建设社会主义文化强国奋斗目标的行动纲领，为强国建设、民族复兴伟业提供强大的精神动力和文化支撑，为国有企业加强企业文化建设、全面提升引领力指明了方向。中油测井坚持不懈用习近平新时代中国特色社会主义思想凝心铸魂，大力倡导和践行社会主义核心价值观，传承中华优秀传统文化，弘扬石油精神和大庆精神铁人精神，构建新时代测井文化体系，推动测井文化内化于心、外化于行，以测井文化建设引领测井品牌建设，与彰显中国国家形象相结合，坚决坚守"主阵地"、打赢"主战场"、唱响"主旋律"，熔铸全体测井人的精神共识，巩固干事创业、团结奋斗的共同思想基础。

（二）深刻把握和践行"两个结合"

习近平总书记指出："在五千多年中华文明深厚基础上开辟和发展中国特色社会主义，把马克思主义基本原理同中国具体实际、同中华优秀传统文化相结合是必由之路。"[①] "两个结合"是中国共产党百年奋斗历程的科学结论，是

---

① 习近平.在文化传承发展座谈会上的讲话[J].求是，2023年第17期.

新时代党的理论创新的重要原则，是马克思主义中国化时代化的方向路径，是实现中华民族伟大复兴和中华文明复兴的科学指引。

坚定守住"魂脉"。马克思主义始终是我们党和国家的指导思想，是我们认识世界、把握规律、追求真理、改造世界的强大思想武器。中油测井坚持用马克思主义的立场、观点和方法指导测井事业发展，深刻领会马克思主义的人本观、系统观、实践观以及关于人与自然关系的思想，与坚持全心全意依靠职工办企业，统筹谋划发展战略，持续深化企业改革，推动绿色低碳发展等重大举措紧密结合，不断推动世界一流测井公司建设。深刻学习领会新时代党的创新理论，坚定铁的信仰、坚定前行步伐、坚定发展信心，牢记"幸福都是奋斗出来的"，"干，才是马列主义；不干，半点马列主义也没有"，为推动测井事业发展不懈奋斗。

牢牢抓住"根脉"。在五千多年的文明发展中孕育的中华优秀传统文化，是中华民族的文化根脉。中油测井始终崇尚"自强不息、厚德载物"的精神追求，始终胸怀"国之大者、天下己任"的家国情怀，始终秉持"富民厚生、义利兼顾"的经济伦理，始终坚守"士不可以不弘毅，任重而道远"的使命担当，推动中华优秀传统文化、革命文化和社会主义先进文化融会贯通，引导干部员工把"讲仁爱、重民本、守诚信、崇正义、尚和合、求大同"的价值观念与现代企业文化、管理实践、创新发展有机结合，为推动测井事业行稳致远注入"源头活水"。

坚持"两创"方针。在推动中国式现代化的进程中，需要深入挖掘中华优秀传统文化蕴含的思想精髓和价值观念，以历史主动精神推进马克思主义基本原理与中华优秀传统文化的结合，推动中华优秀传统文化创造性转化、创新性发展。中油测井坚持用马克思主义中国化时代化的最新成果武装思想，引导广大干部员工从中华优秀传统文化汲取管理智慧，探索"慧眼识藏、深地逐梦"知行体系建设，形成具有测井特色的经营管理理念，通过赋予其新的精神内涵和现实表达,使中华优秀传统文化在测井事业的丰沃土壤中焕发新的生机活力。

(三)大力弘扬石油精神和大庆精神铁人精神

伟大事业催生伟大精神,伟大精神推动伟大事业。中国共产党领导下的石油工业在极度艰难中起步,在自强奋进中成长,为革命战争时期军事斗争、经济建设以及新中国建设发展做出了巨大贡献,同时也孕育了以"苦干实干""三老四严"为核心的石油精神,成为石油人的精神支柱和传家宝。

石油精神的形成发展及重大价值。石油精神萌芽于20世纪30年代玉门油田爱国知识分子的"实业救国"理想,肇始于抗战时期的陕北延长油矿,孕育于新中国成立后石油开发建设岁月,形成于大庆石油会战时期,发展于改革开放时期,升华于中国特色社会主义新时代。[①]石油精神深刻体现了中华民族的伟大精神、优秀传统文化的特质和社会主义核心价值观的基本要求,其蕴含的信仰信念、奉献精神、求是作风、崇高品质,生动呈现了中国共产党一脉相承的精神品格。

在党的领导和组织下,石油人自力更生、艰苦奋斗,在推动石油工业实现历史性转变的过程中,孕育、催生并不断发展石油精神。1935年,陕北红军解放延长油矿,成立"延长石油厂",拉开中国共产党领导下的石油工业发展序幕。毛泽东为延长石油厂厂长陈振夏写了"埋头苦干"的题词,从此,"埋头苦干"成为中国石油人薪火相传的精神之源。1958年,党中央作出石油勘探战略东移的重大决策,其后发现、开发大庆油田,铸就"爱国、创业、求实、奉献"的大庆精神,铁人王进喜为大庆精神赋予具体化、人格化的内涵,大庆精神铁人精神成为石油精神的代表。1964年,毛泽东发出"工业学大庆"号召,大庆成为我国工业一面红旗。2021年,大庆精神(铁人精神)第一批

---

① "弘扬石油精神"调研组.凝聚新时期干事创业的精神力量——写在习近平总书记作出石油精神重要批示3周年之际[N].学习时报,2019年6月5日(8).

被党中央纳入中国共产党人精神谱系。

溯源百年石油,大庆精神铁人精神是全体石油人共同的精神家园,是伟大建党精神在中国石油工业战线的传承。大庆精神铁人精神和伟大建党精神根脉同宗,均根植于党的伟大创造;理论同根,均根植于马克思主义的思想沃土;文化同源,均根植于中华优秀传统文化的强大基因;价值同向,均根植于实现中华民族伟大复兴中国梦的生动实践。一路走来,石油精神的火炬,从延长油矿到玉门油田,从新疆克拉玛依到青海柴达木,从松辽盆地到渤海湾,从国内到海外,薪火相传,越燃越旺,培育形成了大庆精神铁人精神、好汉坡精神、柴达木精神等企业精神,以及"三老四严""四个一样"等优良传统。[1]一代代中国石油人在石油精神的激励鼓舞下,为油拼搏、为油奉献,推动我国石油工业的快速发展,书写"我为祖国献石油"的绚丽篇章。中国石油测井事业伴随着中国石油工业的发展而成长壮大,测井人在石油精神的滋养和引领下,坚定听党话、跟党走,以强烈家国情怀和政治担当,深入地宫、探寻油气,自强不息、奋进一流,绘就"慧眼识藏、深地逐梦"的壮美画卷。

贯彻习近平总书记重要指示批示精神。习近平总书记先后多次对石油精神和大庆精神铁人精神作出重要指示批示。2016年6月,习近平总书记作出重要批示,指出"'石油精神'是攻坚克难、夺取胜利的宝贵财富,什么时候都不能丢。要结合'两学一做'学习教育,大力弘扬以'苦干实干''三老四严'为核心的石油精神,深挖其蕴含的时代内涵,凝聚新时期干事创业的精神力量。"2019年9月,在大庆油田发现60周年之际,习近平总书记发来贺信,强调"大庆精神、铁人精神已经成为中华民族伟大精神的重要组成部分。"中油测井认真学习贯彻习近平总书记重要指示批示精神,始终把弘扬石油精神作为神圣使命、政治担当、文化责任,持续深化石油精神和大庆精神铁人精神

---

[1] 闫建文."石油精神"解析与传承[J].石油政工研究,2016年4期:第55页.

慧眼识藏　深地逐梦
中油测井现代企业管理知行体系探索与实践

再学习再教育再实践再传播，锻造测井铁军严实作风，保持奋斗本色，不断增强奋进新时代、建功新征程的信心和决心，在保障国家能源安全、建设世界一流企业等方面步履坚定、奋力前行。

弘扬伟大精神奋进世界一流新征程。站在能源行业大变革、大调整的历史交汇点，中油测井自觉融入大局，明确"十四五"推动建设特色鲜明的世界一流测井公司的规划目标、实现路径和保障措施以及"十五五"末基本建成特色鲜明的世界一流测井公司的奋斗目标，以大庆精神铁人精神凝聚起团结奋进、攻坚克难的力量，迈向新征程，再创新辉煌。把爱国这个核心理念体现在牢记习近平总书记"能源的饭碗必须端在自己手里"嘱托，围绕国家战略和能源安全需求，不断完善升级具有完全自主知识产权和国际先进水平的CPLog测井装备、CIFLog测井软件，支持多盆地多领域多类型油气勘探开发取得多项重大战略突破和重要发现，有力支撑中国石油形成"三个1亿吨"新格局、成为保障国家能源安全"压舱石"，当好测井国家队主力军，勇做党和国家最可信赖的找油找气先锋。把创业这个精髓体现在贯彻新发展理念、推动高质量发展全过程，坚持独立自主、埋头苦干，稳步提高企业经营规模，全链提升测井产业现代化程度，积极走出去畅通国内国际双循环，攻坚啃硬、深化改革打通体制性机制性梗阻，以开放包容务实举措凝聚发展测井事业、做强测井产业的集群力量，增强高质量发展主动性。把求实这个基本要求体现在扛起高水平科技自立自强的测井责任，坚持"平台＋项目"强化核心技术攻关与转化应用，"内智＋外脑"扩大科技创新生态圈，"引进＋内培"建设测井创新人才高地，加速推进自主研制成套装备迭代发展。把奉献这个本质体现在引领全体测井人传承"听党话跟党走"红色基因，在党和人民需要的关键时刻，主动担当、不讲条件，履行社会责任，助力乡村振兴，深化文明创建，为新时代石油工人弘扬"胸怀全局、为国分忧"注入新内涵、增添新注脚，为保障国家能源安全、加快建设能源强国再立新功、再创佳绩。

第二章　国有企业管理创新与实践

习近平总书记指出，推进中国式现代化，是一项前无古人的开创性事业。中国式现代化必然要求中国式现代管理，中国式现代管理一定要立足中国国情、扎根中国大地，取人之长、补己之短，完善和形成一套国有企业独有的管理制度和方法。中油测井认真贯彻中国石油党组决策部署，不断完善和发展中国特色现代企业制度，推进公司治理体系和治理能力现代化，着力构建与世界一流企业相匹配的体制机制，为强化价值创造、引领测井事业发展提供强大动力。

一、国有企业管理演进历程

国有企业是在党的领导下成长起来的，改革发展的每一步都与党和国家的命运紧密相连。国有企业发展史，就是一部坚持党的领导、加强党的建设的恢宏历史，而中国石油测井事业就是测井人矢志不渝听党话跟党走、为祖国找油找气的动人篇章。

（一）国有企业管理探索实践

在党的百年发展历程中，国有企业由党而建、跟党创业、为党奋斗。总结国有企业的发展历史，主要划分为四个时期：

慧眼识藏　深地逐梦
中油测井现代企业管理知行体系探索与实践

新民主主义革命时期：党在革命根据地建立和发展公营经济，明确公营企业是党领导下的企业组织。在企业管理上探索"三人团"①领导体制，为国有企业的领导体制和企业管理积累了宝贵经验。

社会主义革命和建设时期：建立了社会主义性质的国营经济，并由中央和地方政府直接经营，公营企业改称为国营企业。这一时期，企业党组织带领广大党员和职工群众战天斗地、无私奉献，自力更生、艰苦奋斗，迅速建立了我国工业化基础，探索提炼了"鞍钢宪法"②，形成了大庆精神铁人精神等一系列国有企业精神。

改革开放和社会主义建设新时期：党领导国有企业不断探索改革之路，1978年恢复党委领导下的厂长负责制，1986年全面推行厂长（经理）负责制，1992年明确要求"充分发挥党组织的政治核心作用，坚持和完善厂长负责制，全心全意依靠工人阶级"，1993年党的十四届三中全会提出建立现代企业制度，《中华人民共和国公司法》随即颁布。"国营经济"和"国营企业"分别改称为"国有经济"和"国有企业"。③

进入中国特色社会主义新时代：党的十八大以来，在以习近平同志为核心的党中央坚强领导下，国有企业坚持"两个一以贯之"，在完善公司治理中加强党的领导，全面建设中国特色现代企业制度，在推动现代化产业体系建设、聚焦主责主业、深化企业改革、强化科技创新、加快建设世界一流企业等诸多领域取得明显成效，国民经济"顶梁柱""压舱石"作用得到有效发挥。

---

① 三人团：1934年，中央苏区发布《苏维埃国有工厂管理条例》，规定国有工厂的负责者为厂长，在厂长之下设工厂管理委员会，其中由厂长、党支部代表和工会代表组成"三人团"，负责协调处理厂内日常工作。

② 鞍钢宪法：是对社会主义企业管理工作的科学总结，强调要实现民主管理，实现干部参加劳动，工人参加管理，改革不合理的规章制度，工人群众、领导干部和技术人员三结合，即"两参一改三结合"的制度。

③ 陈占夺．中国特色国有企业管理[M]．北京：中国经济出版社，2022年6月：第25页．

（二）中国石油测井发展历程

地球物理测井，也称油矿地球物理或矿场地球物理测井，简称测井。在石油天然气勘探开发的油气井未下套管之前所进行的测井作业，通常称为勘探测井或裸眼测井；在油气井下完套管后所进行的一系列测井作业，称为生产测井或开发测井。在油气田的勘探与开发过程中，测井资料的计算解释成果是确定和评价油气层的重要方法之一，同时也是解决一系列地质和工程问题的重要手段，被誉为"地质家的眼睛"，成为现代勘探与开发技术的一个重要组成部分。测井技术最早起源于法国，1927 年，斯伦贝谢兄弟首次测得电阻率曲线，揭开世界测井技术发展的序幕。1939 年，中国著名地球物理学家翁文波等在四川进行测井实验，开创测井技术在中国应用的先河。新中国成立后，在党的领导下，中国石油测井实现了从小变大、由弱到强的跨越，走出一条专业化重组改革的发展道路。

石油工业测井艰苦创业时期：新中国石油工业是在极其落后和十分薄弱的基础上发展起来的，党中央高度重视石油工业发展，在甘肃玉门建成新中国第一个石油工业基地，克拉玛依油田的发现实现了新中国石油工业首个油田的突破。1958 年，党中央做出"战略东移"重大决策。1949 年至 1958 年，全国各地区油田的测井工作得到加强，多个测井工作机构相继成立，先后组建测井实验室、测井研究机构等，开展测井相关研究和人才培养，测井工作逐渐在勘探开发过程中发挥重要作用。中国第一代 JD-581 型多线式自动井下电测仪研制成功，一次测井记录曲线数量和测井时效高于当时国外同类仪器水平，被称为"地下探宝的眼睛"。

石油工业测井快速发展时期：1958 年后，随着石油勘探重点由西向东战略转移，发现、开发了大庆油田。1963 年，我国实现"石油基本自给"的历史性转变，相继开发建设了胜利、华北、辽河等大油田。1978 年，我国原油

慧眼识藏　深地逐梦
中油测井现代企业管理知行体系探索与实践

产量突破 1 亿吨，正式跨入世界主要产油国行列。1958 年至 1978 年，中国测井技术研究攻关活动蓬勃发展，全国的测井机构组织各种技术攻关队（组）刻苦钻研、联合研究，成果显著。发展了各种聚焦电法和交流电法测井、放射性测井、电测井综合解释技术、磁定位射孔技术等，测井采集系统实现从模拟测井到 20 世纪 70 年代末数字测井的转变，测井技术逐步成为石油工业持续创新发展的重要组成部分。

石油工业测井改革发展时期：改革开放后，石油工业坚决贯彻落实党中央"稳定东部、发展西部"战略方针，加快建设现代化大油田、大炼厂、油气管道和销售网络，石油企业率先走出去，实施国际化新的战略，石油工业成为国民经济的中流砥柱。1978 年至 1998 年，中国石油工业测井经历模拟测井、数字与数控测井、成像测井并存的阶段。各油田先后改制成立测井公司，从生产组织单位向生产经营单位转型，相继走出属地油田区域，开拓国内市场，迈入国际市场，为"油气并举"战略做出贡献。

石油工业测井专业化发展时期：1998 年，历经战略性调整和重组，我国形成中国石油、中国石化、中国海油三大国家石油公司主导中国石油工业的基本格局，国内原油和天然气产量分别在 2010 年、2011 年迈上 2 亿吨和 1000 亿立方米新台阶。[①] 党的十八大以来，石油工业全面深化改革创新，积极响应"一带一路"倡议，油气勘探持续深化，油气产量当量稳定增长，行业综合实力和国际竞争力大幅增强。1998 年以来，中国石油、中国石化、中国海油的测井发展进入专业化"快车道"。中油测井成立于 2002 年 12 月，历经多次重组，全面实现中国石油国内、国际测井业务的统一管理，打造形成 CPLog 多维高精度测井成套装备和 CIFLog 测井大数据平台，探索构建"五湖四海、共商共建、合作共赢"创新生态圈，发展成为国内最大、世界第三的专业化测井公司。中国石

---

① 中国石油天然气集团有限公司党组. 党领导新中国石油工业的历史经验与启示. "学习强国"学习平台，2021 年 11 月 17 日.

化探索开辟测井专业化发展道路，通过多次整合重组建立测井专业化服务队伍，2020年成立中石化经纬有限公司，自主研发"经纬领航"旋转导向系统，全面提升复杂储层测井精细评价水平，作为国资委创建世界一流专业领军示范企业，奋力打造世界领先的地质测控技术公司。中国海油海洋测井始终坚持"五位一体"发展，2001年中国海洋石油测井公司划入中海油服，自主研发成像系列仪器、随钻测井和旋转导向系统，助力支撑中国海油不断加大勘探开发力度挺进深层、深海及海外，中海油服成为比肩国际一流的能源服务公司。[1]

我国测井事业诞生于家国沦陷、民族存亡之际，伴随石油工业的起步和发展，一代代测井人始终与祖国共命运、与时代同发展，胸怀自力更生、能源报国之志，恪守艰苦奋斗、科学求实之风，秉承守正创新、锐意进取之心，奋力推动测井技术发展，努力测得更准、看得更清、探测更远，书写了一部波澜壮阔的中国石油测井史。

二、坚持"两个一以贯之"

习近平总书记在全国国企党建工作会上指出，"坚持党对国有企业的领导是重大政治原则，必须一以贯之；建立现代企业制度是国有企业改革的方向，也必须一以贯之。""两个一以贯之"为中油测井全面加强党的领导、提升治理效能、持续深化改革、开展管理创新，提供了根本遵循和科学指南。

（一）以高质量党建引领企业高质量发展

坚持党的领导、加强党的建设，是国有企业的光荣传统，是国有企业的"根"和"魂"，是国有企业的独特优势。中油测井坚持将加强党的领导和完善

---

[1]《中国石油测井简史》编委会.中国石油测井简史[M].北京：石油工业出版社，2022年11月：第3、27、36、79、232、301页.

慧眼识藏　深地逐梦
中油测井现代企业管理知行体系探索与实践

公司治理相统一，把党的领导融入公司治理各环节，推动党建工作与生产经营深度融合，切实把党建工作优势转化为发展优势和治理效能，坚决做党和国家最可信赖的找油找气先锋。

加强政治建设领航企业发展。把党的政治建设摆在首位，完善学习贯彻习近平总书记重要指示批示精神落实机制、"第一议题"制度，深刻领悟"两个确立"的决定性意义，坚决做到"两个维护"。扎实开展"不忘初心、牢记使命"主题教育、党史学习教育、学习贯彻习近平新时代中国特色社会主义思想主题教育、党纪学习教育并巩固拓展经验成果、形成长效机制。制定实施公司"十四五"发展规划，认真贯彻"当好能源保供'顶梁柱'""加快建设世界一流企业""建设现代化产业体系""发展新质生产力"等重要部署，确保战略发展方向不偏离，当好测井国家队主力军的政治自觉和行动能力不断增强。

推动党的领导融入公司治理。持续优化公司治理结构、组织、运行、制度、监督、党建"六大体系"，构建与现代化经济体系相适应、具有测井特点的公司治理体系。把党建工作要求写入公司章程，明确党组织在法人治理结构中的法定地位，使党组织成为企业法人治理结构的有机组成部分。坚持和完善双向进入、交叉任职的领导体制。正确处理党委和其他治理主体的关系，充分发挥公司党委"把方向、管大局、保落实"的领导作用。健全完善"三重一大"决策制度，不断提高决策水平，有效防范决策风险，做到科学民主依法决策。

探索构建"大党建"格局。坚持党委统一领导、党政齐抓共管，将公司党委工作和党的组织建设、思想建设、党风廉政建设、群团管理等内容融入公司综合管理体系中，实现对公司现有业务全覆盖。以基层党建"三基本"建设与"三基"工作[①]有机融合为重点，把岗位责任制及党建工作、合规管理、纪律要求贯穿业务流程，保证党建工作与生产经营工作相互协调、同频共振。建立

---

① 基层党建"三基本"：基本组织、基本队伍、基本制度。"三基"工作：以党支部建设为核心的基层建设、以岗位责任制为中心的基础工作、以岗位练兵为主要内容的基本功训练。

党支部达标晋级管理机制，持续推动党支部标准化建设，建立党建协作区，推动基层党建互联共建，更好发挥基层党组织战斗堡垒作用。

持续深化全面从严治党。围绕贯彻落实习近平总书记重要指示批示精神和党中央决策部署，对深化改革、科技创新、发展新质生产力等重点任务加大政治监督力度。紧盯关键少数，深化"三不腐"体制机制建设，将"三横五纵"①大监督机制嵌入公司生产经营管理、融入企业治理，促进管党治党责任贯通联动、一体落实，切实维护风清气正良好局面。突出问题导向，协同深化整治权力集中、资金密集、资源富集领域，推动政治巡察工作向深拓展、向专发力、向下延伸，不断扎紧制度笼子，推动全面从严治党主体责任上下贯通、一体落实。

（二）以深化改革赋能世界一流企业建设

中油测井落实中国石油党组决策部署和中油技服党委工作要求，深入实施国企改革三年行动、改革深化提升行动，扎实开展对标世界一流价值创造行动，紧紧遵循"四个坚持"兴企方略和"四化"治企准则，以推进公司治理体系和治理能力现代化为主线，以增强核心功能、提升核心竞争力为导向，持续深化各项改革，奋力开辟高质量发展新领域新赛道。

对标世界一流企业。基于资源价值、经营价值、创新价值、治理价值、长期价值、社会价值等六个维度，中油测井与斯伦贝谢、哈里伯顿、中国石化油服、中海油服、东方物探等国内外知名油服企业对标，深入开展"四个专项行动"，强化对标世界一流价值提升，建立常态化对标提升机制，在科技创新、服务保障、公司治理、管理提升、数智转型、人才强企、党建文化等方面争先

---

① "三横五纵"："三横"即三道防线，所属单位"第一道防线"业务监督责任，本部部门"第二道防线"职能监督责任，党委巡察办、审计部、纪委办公室"第三道防线"专职监督责任。"五纵"即五项机制，日常沟通机制，协作配合机制，成果共享机制，责任追究机制，考核评价机制。

进位、追赶超越，持续打造特色鲜明的测井样板。

不断提升治理效能。优化组织体系、调整本部职能、完善海外组织架构，"公司本部管总、研发制造主建、服务公司主战"管理模式更加成熟。利用先进技术推进生产组织模式创新，构建架构清晰、层级扁平、规范完善的事业部矩阵式管理模式。深化纪检体制改革，实施异体监督，构筑监督"三道防线"，决策、执行、监督"三位一体"治理体系不断完善。通过深化改革，推动治理模式由"健全完善"向"科学完备"转变。

调整优化产业结构。不断深化供给侧结构性改革，加快研发、制造、服务、应用"四位一体"业务归核化，推进市场、技术、设备、队伍等资源整合，推动评价、国际、质量计量、纪检等业务整合，持续推动实现中国石油内部射孔、测试及相关业务整合。坚定做大业务规模，大力推动补链、延链、强链，不断提升测井产业链"韧性"，推动迈向产业链中高端。通过深化改革，实现业务运营由"专业联动"向"集约高效"转变。

坚持实施创新驱动。持续完善科技创新体制机制，大力培育发展新质生产力，打造测井原创技术策源地和现代产业链链长。加强基础研究，"十四五"期间年均研发经费投入强度保持在5%左右，推进"揭榜挂帅"机制改革，创新"平台+项目"矩阵管理，深入推进产学研用一体化，攻克一批关键核心技术装备、工具、软件，以用促建打造测井统一的EISC、大数据等信息系统。通过深化改革，实现创新能力由"自立自强"向"部分领跑"深刻转变。

健全完善运行机制。推进大集中ERP项目建设，统筹推进任期制和契约化管理、企业管理专项、区域资源共享等改革。一体推动中油技服"阿米巴"经营模式试点及经营型项目部改革，持续深化人事、劳动、分配三项制度改革，开展经营管理序列岗位层级改革，实施区域人力资源共享，全员劳动生产率年均增长10%。完善市场化薪酬分配机制，实现薪酬分配与绩效考核紧密挂钩。通过深化改革，实现经营机制由"建立健全"向"灵活高效"转变。

三、锚定建设世界一流目标

习近平总书记强调，加快建设一批产品卓越、品牌卓著、创新领先、治理现代的世界一流企业。中油测井锚定管理、技术、服务、品牌、业绩、文化、人才"七个一流"目标，聚焦增强价值创造能力，坚定专业自信、技术自信、价值自信，积极培育发展新质生产力，主动当好"主力军""国家队""引领者"，全面建设特色鲜明的世界一流测井公司。

（一）主动服务国家重大战略，当好国家深地探测"主力军"

作为我国规模最大的专业化测井公司，中油测井自觉服务党和国家事业大局，主动融入科技强国、制造强国、质量强国、深海深地探测等国家重大战略，在我国实现全球首次地下万米油气资源探测中成功展示测井服务自主装备水平。积极实施对标世界一流创建示范、管理提升、价值创造、品牌引领"四个专项行动"，不断提升油气勘探开发和矿产资源勘查以及深海深地探测的综合服务能力，打造形成集多种经营于一体的 CNLC 综合服务平台，构建形成国内国际双翼齐飞、双轮并进的发展新格局。

（二）支撑保障国家能源安全，当好测井原创技术策源地"国家队"

中油测井深入贯彻"四个革命、一个合作"①能源安全新战略，深度参与"大力提升油气勘探开发七年行动计划"和新一轮找矿突破战略行动、"一带一路"能源合作建设。持续提升测井技术装备国产化、自主化水平，一体化支撑保障中国石油"六油三气"七大盆地等重点领域高效实施。增强科技引领、价值创造和绿色发展能力，加快实现从服务保障为主向自立自强的战略支持转

---

① 四个革命、一个合作：能源消费革命、能源供给革命、能源技术革命、能源体制革命，全方位加强国际合作。

变。主动汇聚各方力量加强产业协同和联合技术攻关，通过共同促进全产业链优化升级，加快建设测井原创技术策源地和现代产业链"链长"，全力支撑保障国家能源安全。

（三）深入推进产业转型升级，当好测井行业高质量发展"引领者"

作为我国产业链最全的测井公司，中油测井聚焦中国石油"7+3"[①]新兴产业和未来产业布局，制定测井战略性新兴业务发展规划，明确矿产勘查、信息化数字化产品等7项主攻任务，大力发展海洋、地热、干热岩、天然碱、CCUS、伴生矿等矿藏勘查业务，延伸管道检测、地下空间探测等非井筒业务，跟踪发展天然气水合物、氦气探测、铀矿等未来潜力业务，形成测井数字井筒、数字油藏解决方案和数据应用环境等数字业务，加快转型升级步伐，推动中国测井行业高质量可持续发展。

（四）自觉践行企业家精神，当好测井事业发展"实干家"

中油测井领导班子自觉践行企业家精神当好"领头雁"，重修身、崇仁德、广事业、勇担当，自觉涵养"家国情怀、全球视野、战略眼光、创新精神"的内在特质：主动服从服务党和国家重大战略，认真履行国有企业经济责任、政治责任、社会责任；坚定实施国际发展战略，积极统筹利用国际国内两个市场、两种资源，推动市场、资源、管理国际化发展；注重从全局、长远、大势上对企业进行战略谋划，不断提升战略引领、决策判断、跨界思维能力；坚持打造测井生态圈，对产业生态构建、行业价值塑造、测井技术发展等产生积极影响；同心同德、锐意进取，担当作为、善作善成，带领全体干部员工奋进高质量发展，全力谱写世界一流测井公司建设的时代华章。

[①] "7+3"：非常规油气、伴生矿产资源、新能源、新材料、高端装备制造、绿色环保、数智产业等7大战略性新兴产业和深地深海能源、可控核聚变、合成生物学3大未来产业。

第三章　中油测井知行体系探索与构建

知与行是中华优秀传统文化中一个基本的哲学命题，对应为认识和实践的关系，体现了将道德观念、事物之理的"知"与道德践履、实际行动的"行"相互贯通、一以贯之。"知行合一"的哲学思想为中华优秀传统文化的生生不息提供了丰富的文化滋养。

"十四五"以来，中油测井自觉弘扬中华优秀传统文化，坚持世界眼光、国际标准、测井特色、高点定位，构建具有"优秀传统文化特性、红色石油文化特点、测井专业文化特色、先进国际文化特征"的新时代测井文化体系。深度挖掘测井精神文化内核，将经营管理理念之"知"与企业管理实践之"行"紧密结合，扎实推进"慧眼识藏、深地逐梦"现代管理知行体系建设，引领干部员工以知促行、以行促知、知行合一，为全面建设特色鲜明的世界一流测井公司注入强劲动力。

一、知行合一的时代价值

《尚书》有记载"非知之艰，行之惟艰"；南宋朱熹主张"知之愈明，则行之愈笃；行之愈笃，则知之益明"[1]；宋元之际儒学家金履祥首次提出"知行合一"命题，"圣贤先觉之人，知而能之，知行合一，后觉所以效之"[2]；明代

---

[1] 朱熹. 朱子语类（黎靖德编版）[M]. 北京：中华书局，2020年4月.
[2] 金履祥. 论语集注考证 [M]. 上海：上海古籍出版社，2022年12月.

慧眼识藏　深地逐梦
中油测井现代企业管理知行体系探索与实践

大儒王阳明主张"知行合一"思想，提出"知是行的主意，行是知的工夫；知是行之始，行是知之成"①，与"致良知"共同构成心学的核心内容，为后世知识分子生命实践和自我完善提供了一种科学务实的思维方法和精神动力。《汉书》首倡"修学好古，实事求是"以来，"实事求是"作为严谨治学、务求真谛的治学方法及治学态度，被后世知识分子奉为治学的核心价值，并成为中国传统知识论的基础性理念。历代先贤执着坚守"实事求是"的治学理念，使中华优秀传统文化的思想精华历久弥新、中华文化的道统绵延不绝。

从马克思主义哲学角度来讲，知行合一体现的是理论联系实际，是认识与实践的辩证统一，是主观见于客观的过程。百余年来，中国共产党不断推进马克思主义中国化，通过领导革命、建设和改革开放实现了中国翻天覆地的变化，归根结底都是以知促行、以行促知的结果。毛泽东撰写著名的《实践论》，"从感性认识而能动地发展到理性认识，又从理性认识而能动地指导革命实践，改造主观世界和客观世界"，把"知行合一"这一中华优秀传统文化命题提升到了认识论、本体论、价值论相统一的高度。他在《改造我们的学习》一文中对实事求是作出了认识论意义上的阐述："实事"就是客观存在着的一切事物，"是"就是客观事物的内部联系，即规律性，"求"就是我们去研究。并号召全党树立理论和实际相结合、实事求是的马克思主义作风。

习近平总书记指出，"要牢记空谈误国、实干兴邦的道理，坚持知行合一、真抓实干，做实干家。"②"对党忠诚，必须一心一意、一以贯之，必须表里如一、知行合一，任何时候任何情况下都不改其心、不移其志、不毁其节。"③"实事求是，是马克思主义的根本观点，是中国共产党人认识世界、改

---

① 王阳明. 传习录（陆永胜译注版）[M]. 北京：中华书局，2021年11月.
② 习近平. 在常学常新中加强理论修养在知行合一中主动担当作为[N]. 人民日报，2019年3月2日（1）.
③ 习近平. 立志做党光荣传统和优良作风的忠实传人在新时代新征程中奋勇先建功立业[N]. 人民日报，2021年3月2日（1）.

造世界的根本要求,是我们党的基本思想方法、工作方法、领导方法。"①

随着时代的发展,"实事求是、知行合一"已经成为马克思主义基本原理同中华优秀传统文化相结合的重要思想结晶。国有企业全面深化改革,推进中国式现代化,更需要坚持实事求是、知行合一的哲学思想,顺应形势变化,勇于创新变革,保持真抓实干,为完善和发展中国特色社会主义制度贡献力量。

二、测井精神的意蕴内涵

中油测井基于测井专业化重组改革发展实际,将"知行合一"的哲学思想融入企业管理的不同领域和各个环节,探索形成中油测井现代企业管理知行体系。其中,伴随着中油测井发展壮大而培育形成的"慧眼识藏、深地逐梦"测井精神,凝聚着几代测井人的共同信念、使命追求、价值准则,成为知行体系中鲜明的精神标识。

(一)测井精神的意蕴

测井精神的孕育形成,与中国石油测井行业的开创发展紧密相连、息息相关,也必然激励着中油测井全体干部员工踔厉奋发、笃行不怠,创造测井事业更加美好的明天。

"慧眼识藏、深地逐梦",有着深刻而独特的"知行合一"含义。"慧眼识藏"一方面是运用先进技术装备对油气能源矿藏敏锐感知的"慧眼",能在复杂纷繁的地层中精准地探测地层各种信息,通过破解"油气密码"发现沉睡亿万年的能源宝藏,为油气勘探开发提供方向,为支撑保障国家能源安全发挥重要作用;另一方面是马克思主义世界观、方法论的独特"慧眼",以理论与

---

① 习近平.在纪念毛泽东同志诞辰120周年座谈会上的讲话[N].人民日报,2013年12月27日(2).

慧眼识藏　深地逐梦
中油测井现代企业管理知行体系探索与实践

实践精妙结合的神奇能力，探索与发掘博大精深的中华优秀传统文化的智慧宝藏，为现代企业管理提供丰富的精神滋养。"深地逐梦"既是中油测井人对科技未知领域和地球深部奥秘的勇敢探索，他们以科技创新为画笔，在突破技术瓶颈的画卷上挥毫泼墨，铸造守护国家能源安全的"国之重器"，追逐为国家现代化建设提供能源保障的"强国梦"；也是中油测井人认真学习贯彻习近平文化思想，深入汲取中华优秀传统文化精髓，提炼升华企业管理实践经验，把马克思主义与中华优秀传统文化相结合，与企业管理实践相结合，推进企业治理现代化，追逐建设世界一流测井公司的"强企梦"。

凭借这双如炬"慧眼"，中油测井满怀雄心壮志进入中国特色社会主义新时代、踏上中国式现代化建设新征程，矢志锻造科技创新之"器"，探寻油气宝藏之"谜"，求索企业管理之"道"，共建永续发展之"业"，全力实现建设特色鲜明的世界一流测井公司的愿景和能源强国的梦想。

（二）测井精神的内涵

中油测井诞生于改革重组大背景，公司本部位于中华文明和中华民族重要发祥地之一、古丝绸之路起点、千年古都——西安，测井人怀揣"能源报国"赤胆忠心，天南地北汇聚而来，共组测井"大家庭"，造就了中油测井开阔的胸怀、包容的气度、深厚的底蕴。伴随着测井产业变革的步伐，中油测井坚持"两个结合"，用马克思主义激活中华传统文化中富有生命力的优秀因子，赋予"慧眼识藏、深地逐梦"测井精神更加丰富的内涵。

一是以马克思主义为指导。中国共产党把系统掌握马克思主义基本理论作为看家本领和必修课，不断提升革命和建设能力。中油测井以中国化时代化的马克思主义最新理论指导企业发展实践，用马克思主义的立场观点方法推动企业高质量发展。坚持马克思主义实践论。从哲学的角度看，管理是人类特有的实践活动，是人类认识世界的一种方式。中油测井领导班子坚持实事求是，一切从实际出发,分析发展形势,把握行业趋势,总结发展规律,作出战略抉择,带领全体干部党员和员工群众将党的创新理论转化为推动科技进步的强大物质力量。坚持马克思主义系统观。世上万事万物是相互联系、相互依存的。只有用普遍联系的、全面系统的、发展变化的观点观察事物,才能把握事物发展规律。中油测井领导班子辩证把握测井事业发展全局和局部、当前和长远、宏观和微观的关系,认真分析和破解业务发展、核心技术、管理机制等方面的主要矛盾,不断扩大测井产业生态圈,探索建立与生产经营深度融合、具有测井特色的党建生态系统,引领保障测井事业高质量发展。坚持马克思主义生产力理论。面对新一轮科技革命和产业变革,习近平总书记提出"发展新质生产力"这一观点。中油测井把科技创新作为核心驱动力,重点加强基础方法、电路开发、油藏综合评价等领域前沿技术研究,集中研发万米深井、深层煤岩气、页岩油气等重点领域急需技术装备。通过打好科技引领、管理提升、人才强企"组合拳",推动科技创新"关键变量"转化为新质生产力"最大增量"。

二是传承优秀传统文化。我国国有企业根植于孕育五千年文明历史的中国大地,企业干部员工生于斯、长于斯,被中华优秀传统文化所浸润,其精神世界必然留存着中华优秀传统文化的印记。自强不息、厚德载物。中油测井主动当好测井国家队主力军,几代测井人矢志不移、攻坚克难,锻造国产成套装备;勇担使命、精益求精,助力国内重大油气勘探开发;走出国门、海外创业,加强"一带一路"国际能源合作;以德润心、以文化人,连续10年保持全国"文明单位"。修己以敬、立己达人。测井业务是中油测井安身立命之本、生存发展之基,公司不断提升装备研发制造能力、油气层综合解释评价和方法研究能力、高效率保障钻探综合服务能力。坚持"客户至上",做精做专国内市场,做强做大国际市场,为油气生产全过程提供优质服务,在成就甲方中成就自己。广大干部员工恪尽职守、敬业乐群,形成干事创业、奋进一流的浓厚氛围。革故鼎新、日新又新。中油测井作为"改革的产物",积极应变、主动

慧眼识藏　深地逐梦
中油测井现代企业管理知行体系探索与实践

求变，面对重组带来的制度、管理、文化、品牌融合的现实需求，坚持改革创新、久久为功，统筹推动市场、技术、装备、队伍资源整合。面对全面深化改革的发展需要，坚持改革创新双轮驱动、国际国内协同发展，组织完成八大业务资源整合，设立五大人力资源共享中心，测井专业化优势更加凸显，高质量发展的动能更加强劲。天地人和、共襄大业。志合者不以山海为远，深化开放合作是测井事业高质量发展的必然选择。中油测井以开放的心态、宽阔的视野和共生的理念，汇聚各方力量，打造"五湖四海、共商共建、合作共赢"的发展共同体和创新生态圈，推进测井千亿级产业链建设，推动国内测井同行优势资源大共享、测井技术大发展，为支撑保障国家能源安全交出一份合格的时代答卷。

三是发扬大庆精神。中油测井始终把弘扬石油精神和大庆精神铁人精神作为神圣使命和政治责任，在推动建设世界一流测井公司进程中，坚定做伟大精神的传承者、弘扬者和践行者。传承红色基因。弘扬以伟大建党精神为源头的中国共产党人精神谱系，在赓续红色血脉中深化大庆精神铁人精神再学习再教育再实践，引导全体测井党员干部始终听党话、跟党走，培养坚定信念、践行宗旨、拼搏奉献、廉洁奉公的高尚品质和崇高精神。发扬斗争精神。激励广大测井干部员工传承弘扬石油战线精神财富和艰苦奋斗作风，用石油精神滋养初心、锻造队伍、砥砺斗志，着力增强斗争本领，敢于斗争、善于斗争，在推动改革发展中勇挑重担、敢打头阵、干事创业。坚守先锋本色。激励广大党员在推动测井事业高质量发展中切实增强责任感使命感，在技术服务领域争当"找油尖兵"，研发业务领域争当"测井先锋"，在制造业务领域争当"智造工匠"，在应用业务领域争当"解释能手"，在创新测井、服务油气的生动实践中发挥先锋作用，打造党和国家最可信赖的测井铁军。

四是弘扬时代精神。"慧眼识藏、深地逐梦"测井精神，是几代测井人干事创业、敢为人先，在奋进世界一流测井公司进程中孕育形成的精神品质，是全体测井人的价值追求、先进思想、精神风貌的凝结和升华。价值追求：中油测井把能源报国作为测井事业的价值追求，自觉当好测井国家队主力军和支撑保障国家能源安全的"顶梁柱"。中油测井与祖国同呼吸共命运，抢险救灾中有测井人大爱无疆的奉献；脱贫攻坚、乡村振兴、社会公益中有测井人推己及人、利他之心的回答。先进思想：中油测井坚持用先进思想文化占领精神高地，将培育和践行社会主义核心价值观融入宣传思想文化、企业管理创新、生产经营活动，转化为企业干部员工向上向善的精神支撑、情感认同和行为向导。构建新时代测井文化体系，清晰回答"中油测井是谁、去向哪里、如何去"等问题秉承的核心价值准则与精神追求。坚持国际视野、国际思维和国际标准，秉持开放包容，深化交流互鉴，打造全球测井知名品牌。精神风貌：测井人把理想写在千尺井下，用担当作为、拼搏奉献诠释忠诚，涌现出全国劳动模范李梦春、李鹏和全国优秀党务工作者张自亮等一批先进典型，引导全体员工以实际行动阐释探微穷理、勇攀高峰的"慧眼"精神，刚健有为、奋进不息的"车轮精神"，胸怀世界、敢为人先的"先锋"精神，兼收并蓄、开放包容的"和合"精神，完整构成中油测井鲜明的精神标识。

三、知行体系的探索构建

新时代背景下，中油测井以习近平新时代中国特色社会主义思想为指导，坚持和运用马克思主义的立场观点方法，从中华优秀传统文化宝藏中汲取智慧，将优秀传统文化与现代企业管理理论有机融合，形成中油测井知行体系的"知"——企业经营"六观"和管理"八要"。基于中油测井改革、创新和发展，总结提炼知行体系的"行"——企业经营管理实践，通过不断深化对中国式现代企业管理的理论认识、实践探索，逐步形成中油测井现代企业管理知行体系。

慧眼识藏　深地逐梦
中油测井现代企业管理知行体系探索与实践

中油测井现代企业管理知行体系以道德观、价值观、义利观、常变观、人本观、和谐观构成经营"六观",作为中油测井指导经营活动的观点;以取势、善法、优术、利器、尚贤、崇文、竞合、共生构成管理"八要",作为中油测井进行企业管理的理念,其中"取势、善法、优术、利器"侧重策略层面,"尚贤、崇文、竞合、共生"侧重文化层面。经营"六观"和管理"八要",构成了中油测井经营管理"致知"理论框架。基于企业实际,在"六观"和"八要"指导下,总结企业经营管理实践活动的特色做法与经验,形成由战略管理、业务管理、经营管理、队伍建设、文化建设五个维度构成的企业管理"践行"系统。

中油测井现代企业管理知行体系(见图3-1),从抽象到具体,从整体到局部,从致知到践行,不断丰富具有传统特性、石油特点、测井特色、国际特征的测井文化,使优秀传统文化与现代企业治理相协调,以企业改革管理成效提升传统文化价值,不断推动中华优秀传统文化创造性转化和创新性发展,为建设特色鲜明的世界一流测井公司注入不竭动力。

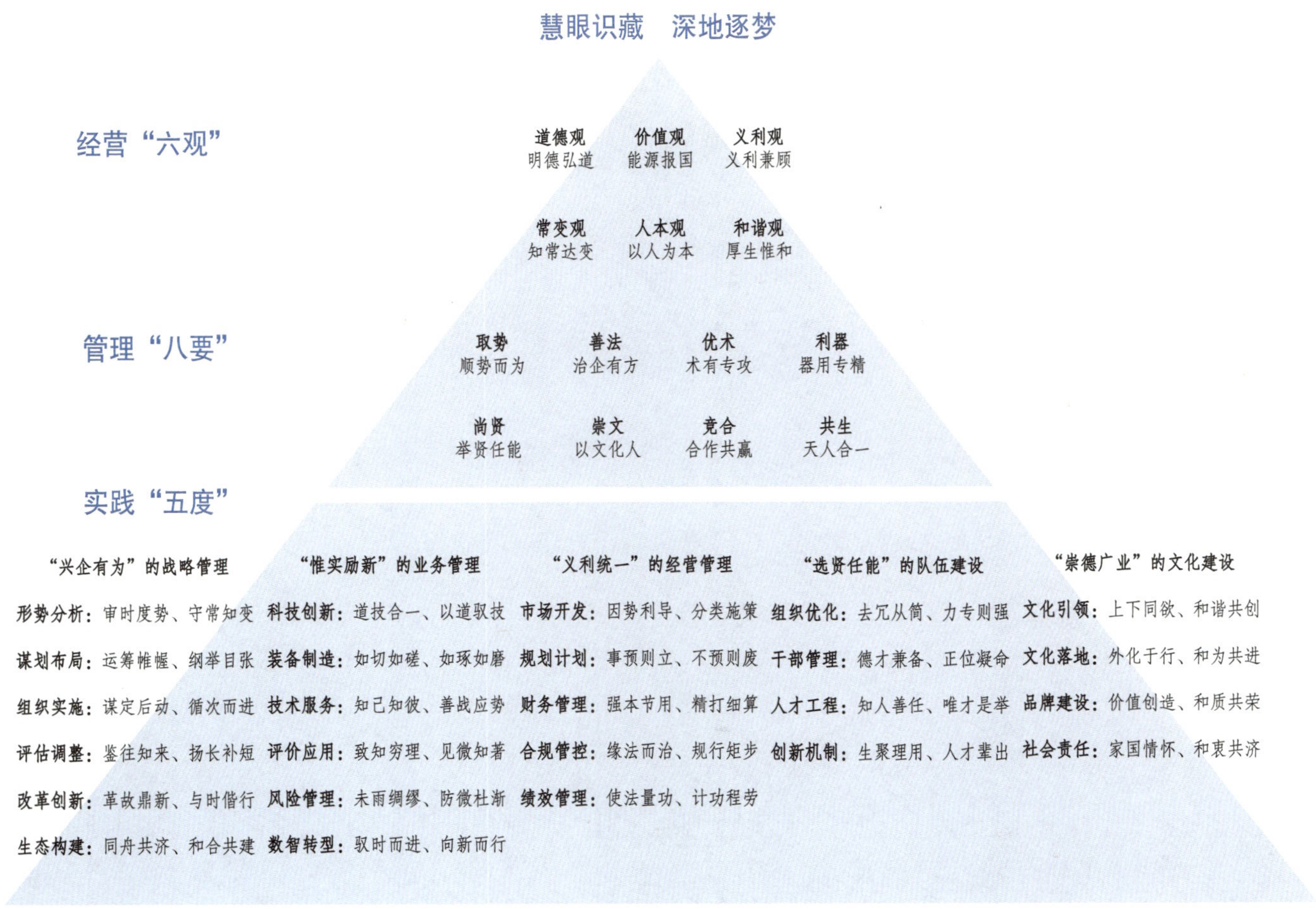

使命篇 | 中油测井知行体系探索与构建

慧眼识藏　深地逐梦

经营"六观"
- 道德观：明赌ической道
- 价值观：能源报国
- 义利观：义利兼顾
- 常变观：知常达变
- 人本观：以人为本
- 和谐观：厚生惟和
- 善法观：治企有方
- 崇文观：以文化人
- 优术观：术有专攻
- 竞合观：合作共赢
- 利器观：器用专精
- 共生观：天人合一

管理"八要"
- 取势：顺势而为
- 尚贤：举贤任能
- "义利统一"的经营管理：因势利导，分类施策
- 市场开发：以道取技
- 规划计划：事预则立，不预则废
- 财务管理：强本节用，精打细算
- 合规管理：缘运而治，现行矩步
- 绩效管理：见微知著
- 风险管理：未雨绸缪，防微杜渐
- 教育转型：驶时而进，向新而行
- "选贤任能"的队伍建设
- 组织优化：去冗从简，力专则强
- 干部管理：德才兼备，正位凝命
- 人才工程：鸽才善任，知人善任，唯才是举
- 创新机制：生聚理用，人才辈出
- "崇德广业"的文化建设
- 文化引领：上下同欲，和谐共行
- 文化落地：外化于行，和为共进
- 品牌建设：价值创造，和质共荣
- 社会责任：家国情怀，和衷共济

实践"五度"
- 形势分析：审时度势，守常知变
- 谋划布局：运筹帷幄，纲举目张
- 组织实施：谋定后动，如己知彼，循次而进
- 技术服务：善战必胜，知己知彼
- 评估调整：鉴任知来，扬长补短，致微知彰
- 改革创新：革故鼎新，与时偕行
- 生态构建：同舟共济，和合共建
- 科技创新：道技合一，以道驭技
- 装备制造：如切如磋，如琢如磨
- "唯实励新"的业务管理

图 3-1　中油测井现代企业管理知行体系

致知篇

　　知之愈明，行之愈笃。经营管理理念是企业所秉持的核心价值观和管理原则。中油测井践行"两个结合"，构建以"六观""八要"为内容的"致知"体系，扎实推动中华优秀传统文化时代化运用、创造性转化、创新性发展，为现代企业管理注入源源不断的新动能。

第四章　中油测井经营"六观"

中油测井以习近平新时代中国特色社会主义思想为指导，践行"慧眼识藏、深地逐梦"测井精神，将马克思主义同中华优秀传统文化和中油测井企业经营管理实际相结合，贯彻中国石油"四个坚持"兴企方略和"四化"治企准则①，总结提炼形成中油测井的经营"六观"，指导中油测井的经营与决策，为中油测井高质量发展提供强大精神动力和文化支撑。

一、道德观——明德弘道

"道"与"德"是中华优秀传统文化中的两个重要概念。老子认为"万物莫不尊道而贵德"②"孔德之容，惟道是从"③。遵循着道，把形而上的道落实到人生层面的行为就是德，通过行德来显现道。习近平总书记将"厚德载物、明德弘道的精神追求"概括为中华优秀传统文化的重要元素之一。"厚德载物"④意指君子应效法大地厚积美德，以宽厚深广的度量和德性承载天下各种事物；"明德弘道"⑤勉励人们充分发挥主观能动性，不断提升自己的德行修养，以德

---

① "四个坚持"兴企方略：坚持高质量发展、坚持深化改革开放、坚持依法合规治企、坚持全面从严治党。"四化"治企准则：专业化发展、市场化运作、精益化管理、一体化统筹。
② 张景，张松辉译注. 道德经 [M]. 北京：中华书局，2021 年 5 月.
③ 张景，张松辉译注. 道德经 [M]. 北京：中华书局，2021 年 5 月.
④ 杨天才译注. 周易 [M]. 北京：中华书局，2022 年 2 月.
⑤ "明德"出自《尚书》"黍稷非馨，明德惟馨"；"弘道"出自《论语·卫灵公》"人能弘道，非道弘人"。

近道、德合于道,自觉承担起弘扬正道的责任使命。

马克思主义认为,道德是一种社会意识形态,是物质利益关系在人们思想观念中的反映,是调整人和人之间及个人与社会之间关系的行为准则和规范的总和,对于人们的利益关系和利益行为具有规范、协调和导向作用。马克思主义道德观以全世界无产者利益至上为核心,坚持以集体主义为原则,人人自由而平等的"大道"是共产主义社会的最高道德要求。

国无德不兴,人无德不立。中国共产党把马克思主义道德观与中国革命与建设实际相结合、与中华优秀传统文化相结合,逐步形成了以为人民服务为核心,以爱祖国、爱人民、爱劳动、爱科学、爱社会主义为基本要求,以社会公德、职业道德、家庭美德、个人品德建设为着力点的社会主义道德体系。习近平总书记提出"弘扬中华优秀传统文化,开展以职业道德为重点的'四德'教育。"①"一个人只有明大德、守公德、严私德,其才方能用得其所。"②

中油测井深入学习习近平总书记关于道德建设的重要论述,弘扬石油精神和大庆精神铁人精神,践行测井精神,以职业道德为重点推进"四德"建设,倡导全体员工讲道德、尊道德、守道德,提升道德认知,强化道德自律,砥砺道德实践,培养和造就新时代石油产业测井主力军。

(一)爱岗敬业

"敬业者,专心致志以事其业也。"③ 中油测井引导员工珍惜和热爱自己的岗位,把工作当事业干,践行测井精神及核心经营管理理念,着眼公司大局,立足岗位小事,在平凡的岗位上做出不平凡的业绩。秉承"三老四严"优良传

---

① 习近平. 在庆祝"五一"国际劳动节暨表彰全国劳动模范和先进工作者大会上的讲话[N]. 人民日报,2015年4月29日(2).

② 习近平. 青年要自觉践行社会主义核心价值观——在北京大学师生座谈会上的讲话[N]. 人民日报,2014年5月5日(2).

③ 朱熹. 仪礼经传通解正续编[M]. 北京:北京大学出版社,2012年6月.

统，遵守规章制度，执行标准程序，对待工作要严肃、工作标准要严格、工作流程要严谨，脚踏实地履行好岗位职责。发扬"执着专注、精益求精、一丝不苟、追求卓越"的工匠精神，干一行、爱一行、钻一行，将日复一日的工作做到极致，在难题攻关的日夜里锲而不舍，在单一重复的工作中勇于创新，不断提升专业技能，在中油测井广阔平台上创造非凡事业、成就精彩人生。

（二）诚实守信

诚者，"择善而固执之者也"[①]；信者，言行必践，"信而有征也"[②]。中油测井引导员工言行一致、求真务实，说老实话、办老实事、做老实人。在工作中践行"四个一样"，深入基层，深入实际，脚踏实地，真抓实干，最大限度创造实效和实绩。在同事交往中与人为善，以诚相待，相互理解，相互尊重，团结互助，营造轻松融洽的工作氛围。在服务客户中坚持诚信至上、诚信为本，言必行、行必果，讲信誉、重信用，恪守契约精神，忠实履行自己承担的义务，做值得信赖的工作伙伴。忠诚于公司，以促进公司发展、维护公司良好形象为己任，坚守诚信合规理念，不做损害公司利益和形象的事。

（三）责任担当

"知责任者，大丈夫之始也；行责任者，大丈夫之终也。"[③] 只有成为世界一流的员工，才有能力建成世界一流的测井公司。中油测井引导员工自觉把个人理想追求融入石油测井事业发展中，始终与党和国家的发展同向同行，保持奋发有为的精神状态，勇挑重担。大力弘扬以"苦干实干""三老四严"为核心的石油精神，自觉发扬自力更生、艰苦奋斗的优良作风，做起而行之的实干

---

① 胡平生，张萌译注. 礼记 [M]. 北京：中华书局，2017 年 11 月.
② 郭丹，程小青，李彬源译注. 左传 [M]. 北京：中华书局，2024 年 6 月.
③ 梁启超. 梁启超经典 [M]. 北京：当代世界出版社，2016 年 2 月.

家,在加快建设世界一流测井公司新征程中主动作为、恪尽职守。练就过硬本领能力,坚持学用结合、学以致用,在应对复杂局面、解决棘手问题的过程中积累底气、培养胆识,具备堪当重任的硬脊梁、铁肩膀、真本事。

(四)服务奉献

"先天下之忧而忧,后天下之乐而乐。"① 中油测井引导员工弘扬传承铁人王进喜"甘愿为党和人民当一辈子老黄牛"的无私奉献精神,坚定为国奉献、为民服务之志,把国家和人民利益放在首位,把个人利益融入国家和人民利益之中,全心全意为国家和人民做贡献。时刻谨记"创新测井、服务油气"公司使命,保持热情、周到的服务态度,以客户需求为中心,立足岗位责任,努力提供高质量测井产品和高品质测井服务。通过实施差异化、定制化服务,提升服务质量和满意度,为油气增储上产、为公司高质量发展、为保障国家能源安全贡献力量。

二、价值观——能源报国

"古之欲明明德于天下者,先治其国;欲治其国者,先齐其家;欲齐其家者,先修其身"②。"修身、齐家、治国、平天下"层层递进,把自身修为、家庭和顺、国家安泰、天下太平串联起来,凝结着中国古人对家国共同体的归属认同和休戚与共的集体意识。"天下兴亡,匹夫有责。"③ 中华儿女以天下为己任,把自己与国家民族的兴衰荣辱联系在一起,对国家和民族抱有崇高的责任感和使命感。"修齐治平、兴亡有责"的家国情怀是流淌于中华民族血脉里的文化基因,是中华民族矢志不渝的价值追求。

---

① 范仲淹. 范仲淹全集 [M]. 北京:中华书局,2020 年 5 月.
② 胡平生,张萌译注. 礼记 [M]. 北京:中华书局,2017 年 11 月.
③ 顾炎武. 日知录集释 [M]. 北京:中华书局,2024 年 4 月.

马克思主义价值观是马克思历史唯物主义、辩证唯物主义和科学社会主义理论在价值层面的体现，其科学内涵主要包括人的全面发展、社会公平正义、共产主义理想追求三个方面。人的全面发展是实现人的自由和幸福的前提条件，既包括物质生活、精神文化和社会关系等多方面发展，又是全体人民的共同发展。社会公平正义是使全体人民平等地接受教育、就业和参与社会活动，公平地获得生产生活必要条件。共产主义理想追求就是逐步消灭剥削、消除阶级、消除社会贫富差别，实现人民共同富裕，促进社会稳定和谐繁荣。

中国共产党坚持马克思主义价值观，汲取中华优秀传统价值观，形成富强、民主、文明、和谐，自由、平等、公正、法治，爱国、敬业、诚信、友善的社会主义核心价值观。习近平总书记指出，"在社会主义核心价值观中，最深层、最根本、最永恒的是爱国主义。"[1]"我们要大力培育和践行社会主义核心价值观，用共同理想信念凝聚民族意志，用中国精神激发中国力量，动员全体中华儿女共同创造中华民族新的伟业。"[2]

企业价值观是企业及其员工的价值取向，是企业在追求经营成功过程中所奉行的目标和推崇的基本信念，是企业日常经营与管理行为的内在依据。"这困难，那困难，国家缺油是最大困难；这矛盾，那矛盾，国家建设等油用是最主要矛盾。""宁可少活二十年，拼命也要拿下大油田"，铁人王进喜的誓言穿越时空、犹在耳畔。新时代的中油测井弘扬大庆精神铁人精神，坚持和践行社会主义核心价值观，以中国石油"绿色发展、奉献能源、为客户成长增动力、为人民幸福赋新能"的价值追求为引领，形成了中油测井的公司使命、公司愿景及核心理念，为企业发展提供明确方向和指引，帮助企业做出正确的决策与选择，增强企业的凝聚力和向心力。

---

[1] 习近平. 在文艺工作座谈会上的讲话 [N]. 人民日报，2015 年 10 月 15 日（2）.
[2] 习近平. 在庆祝中华人民共和国成立 65 周年招待会上的讲话 [N]. 人民日报，2014 年 10 月 1 日（2）.

慧眼识藏　深地逐梦
中油测井现代企业管理知行体系探索与实践

（一）公司使命

中油测井确立"创新测井、服务油气"的公司使命。坚持创新驱动发展，拓展国际化市场，不断提供更高品质的测井产品，用优质的服务支撑油气田增储上产降本，为客户赋能增值，为公司创造价值，为员工创造价值，为社会创造价值。

（二）公司愿景

中油测井形成"建设特色鲜明的世界一流测井公司"的公司愿景，具体体现在"七个一流"。

管理一流。着力建设架构清晰、层级精简、流程高效、体系完备的治理体系，提升公司运营能力，增强风险防控能力。

技术一流。大力提升装备研发制造能力、业务转型能力、科技创新能力，以技术标准为引领，打造开放包容的测井创新生态圈，持续推进测井数字化转型、智能化发展。

服务一流。持续增强一体化服务保障能力，不断完善拓展产业链，大幅提升产业发展能力。

品牌一流。着力打造质量优良、服务上乘、美誉度高、影响力大的国际知名测井公司，不断扩大 CNLC 品牌全球影响力和美誉度。

业绩一流。全面提升资产创效能力、市场竞争能力和生产经营能力，努力改善提升"两利五率"[①]，实现"两增一稳四提升"[②]。

文化一流。大力弘扬社会主义核心价值观，持续完善具有传统特性、石油特点、测井特色、国际特征的测井文化体系，丰富拓展新时代石油文化的内涵

---

① "两利五率"：利润总额、净利润，营业收现率、净资产收益率、研发经费投入强度、全员劳动生产率、资产负债率。

② "两增一稳四提高"：利润总额、净利润同口径稳中有增，资产负债率保持总体稳定，净资产收益率、研发经费投入强度、全员劳动生产率、营业收现率同比提升。

外延，不断增强公司发展软实力。

人才一流。加快构建管理、技术、技能、国际化等多维度人才培养体系，聚天下测井英才而用之，打造中国测井行业人才高地。

通过全面对标分析，进一步明确在六个方面建设特色鲜明的世界一流测井公司。在科技上，"技术领先、数智赋能、产品卓越、价值凸显"的驱动作用日益显现；在规模上，"资产优良、业绩优秀、经营稳健、发展多元"的规模效益稳步增长；在管理上，"治理现代、体系完备、制度成熟、运营高效"的企业管理更加精益；在人才上，"导向鲜明、结构优化、梯次合理、机制健全"的队伍建设活力充沛；在文化上，"凝心聚力、五湖四海、和合共生、品牌卓著"的文化品牌广受认同；在党建上，"政治引领、组织坚强、执行有力、平安和谐"的党建工作走深走实。

（三）核心理念

中油测井提炼"专注、创新、责任、共享"的核心理念。

专注是中油测井的成功之基。心无旁骛钻技术、专心致志强服务，埋头苦干，接续奋斗，坚定建设世界一流测井公司的信心、决心和恒心，实现更专、更精、更强、更优。

创新是中油测井发展的第一动力。解放思想、激发创新活力，坚持科技创新和产业创新深度融合，强化企业科技创新的主导地位；坚定不移推进适宜新质生产力发展的体制机制创新；深化管理创新、服务创新，不断提升公司核心竞争力。

责任是中油测井的央企本色。忠诚履行经济责任、政治责任、社会责任，竭尽全力为国家做出更大贡献，为客户创造最大价值，为员工创建美好生活。

共享是中油测井的长青之道。以更加开放的心态、包容的胸怀和共赢的理念，与广大员工、客户、生态圈合作伙伴共享平台资源和发展成果。

三、义利观——义利兼顾

"天下之事，唯义利而已。"①"义"与"利"是中国古代哲学的重要论题。"立人之道曰义，生人之用曰利。"②"义"有适宜、美善、正义之意，"利"为财富、功利、利益。孔子强调"见得思义"③；荀子提出"先义而后利者荣，先利而后义者辱"④；墨子提出"贵义""尚利"的利益关系论。传统义利观既突出重义轻利、先义后利，又注重义利兼顾，既强调道义与利益的双重达成而不偏废，也意味着义与利有本末先后。

马克思主义利益观是个人利益与社会利益、眼前利益与长远利益的辩证统一。在社会主义社会条件下，个人利益与社会利益本质上是一致的，当个人利益与集体利益、社会利益发生矛盾时，个人利益应当服从于集体利益、社会利益。

习近平总书记指出"义，反映的是我们的一个理念，共产党人、社会主义国家的理念""利，就是要恪守互利共赢原则，不搞我赢你输，要实现双赢"⑤，阐释了义与利辩证统一的关系，强调"只有义利兼顾才能义利兼得，只有义利平衡才能义利共赢"⑥"要坚持正确义利观，做到义利兼顾，要讲信义、重情义、扬正义、树道义"⑦"计利当计天下利"⑧"不谋私利才能谋根本、谋大利"⑨。

---

① 程颢，程颐. 河南程氏遗书 [M]. 安徽：黄山书社，2022 年 10 月.
② 王夫之. 尚书引义 [M]. 北京：中华书局，1999 年 1 月.
③ 杨伯峻. 论语译注 [M]. 北京：中华书局，2017 年 8 月.
④ 方勇译注. 荀子 [M]. 北京：中华书局，2011 年 3 月.
⑤ 王毅. 坚持正确义利观积极发挥负责任大国作用——深刻领会习近平同志关于外交工作的重要讲话精神 [N]. 人民日报，2013 年 9 月 10 日.
⑥ 习近平. 共创中韩合作未来同襄亚洲振兴繁荣——在韩国国立首尔大学的演讲 [N]. 新华网，2014 年 7 月 5 日（2）.
⑦ 习近平. 在中央外事工作会议上的讲话 [N]. 人民日报，2014 年 11 月 30 日.
⑧ 习近平. 携手建设中国—东盟命运共同体——在印度尼西亚国会的演讲 [N]. 人民日报，2013 年 10 月 4 日（2）.
⑨ 习近平. 以解决突出问题为突破口和主抓手推动党的十八届六中全会精神落到实处 [N]. 人民日报，2017 年 2 月 14 日（1）.

中油测井以习近平总书记关于义利观的重要论述为指导，深刻把握义与利的辩证统一关系，将坚定履行经济、政治、社会"三大责任"与企业的利益取向有机结合，坚持系统观念，清晰本末先后，形成"义利兼顾"的义利观，并将之作为企业统筹推进各项责任落实的履责准则。

（一）中油测井之义与利

中油测井之义，即坚守国企政治本色，全面加强党的领导，深刻领悟"两个确立"的决定性意义，增强"四个意识"、坚定"四个自信"、做到"两个维护"，深入学习贯彻习近平新时代中国特色社会主义思想，不断提高政治判断力、政治领悟力、政治执行力，扎实推动党中央和中国石油各项决策落实；践行"我为祖国献石油"誓言，坚决扛起保障国家能源安全重任，牢牢把握"六个力量"定位，健全和完善现代企业制度，不断增强核心功能，主动服务党和国家发展大局，做好国家深地探测的"主力军"、支撑保障国家能源安全的"顶梁柱"、测井原创技术策源地和现代产业链链长的"国家队"、中国测井行业高质量发展的"引领者"；书写"国企为民"深厚情怀，坚定履行社会责任，致力于民生福祉，积极参与公益事业，推动绿色发展，保护生态环境，促进社会公平和正义，为建设全体人民共同富裕的现代化、物质文明和精神文明相协调的现代化、人与自然和谐共生的现代化贡献力量。

中油测井之利，就是要面向国内国际两个市场，积极参与市场竞争、提高经济效益，实现质的有效提升和量的合理增长，保障国有资产保值增值，为国家财政增收做出贡献。紧紧围绕高质量发展主题，持续提升核心竞争力，按照"两利五率"考核指标体系，注重提升增加值、功能价值、经济增加值、战略性新兴产业收入和增加值占比、品牌价值，全方位、立体式地提高企业经济效益，把企业做强做优做大，建成世界一流测井公司。

（二）中油测井义利取向

中油测井作为国资央企，为全民所有，服务全体人民，义与利是相互联系、辩证统一的。中油测井在处理义利关系、面对义利矛盾时，坚持"以义为先、以义生利，以利为基、求利守义，义利兼顾、平衡致远"的义利取向。

以义为先，以义生利。牢记国家大义至上，坚持人民利益至上，落实党中央的重大决策部署，把国家战略大局摆在最重要的位置，自觉把企业的发展放到国家经济社会发展的全局中去谋划和推进，聚焦主责主业，合规守法经营。当义利存在矛盾的情况下，舍利取义，坚决服从国家战略需要、服务人民群众生活需要。

以利为基，求利守义。锚定建设特色鲜明的世界一流测井公司发展目标，持续优化资源配置模式、提升科技创新水平，通过市场拓展、管理提升和深化改革增利创效，确保国有资产保值增值，为更好履行政治责任、社会责任提供坚实的经济基础。胸怀"国之大者"，在提升自身经济效益的同时，发挥测井产业链链长企业带动优势，携手其他经济体共同发展，积极投资环境保护、支持社区发展、助力乡村振兴等，让企业发展成果惠及人民，改善民生、促进共同富裕，更好地满足人民群众对美好生活的向往和需求。

义利兼顾，平衡致远。统筹履行好经济责任、政治责任、社会责任，关注企业长远发展和社会可持续发展，充分考虑社会、环境和经济因素，严格遵守国家法律法规和行业规范，防范和降低经营风险，平衡局部与整体利益、短期与长期利益，坚持局部利益服从全局利益、当前利益服从长远利益，推动企业行稳致远。

四、常变观——知常达变

"常"与"变"是中国古代哲学中的重要概念。"常"为普遍客观的原则或规律，"变"为执行原则时变通的方法与措施。老子提出"知常曰明"①。孙子强调"兵无常势，水无常形，能因敌变化而取胜者，谓之神。"② 王夫之认为"常以制变，变以贞常，则功起矣"③，主张"执常以迎变，要变以知常"④。在把握原则和规律的基础上，执两用中、守中致和，因地制宜、与时偕行，才能"苟日新，日日新，又日新"⑤，不断推动事物向前发展。

马克思历史唯物主义揭示了社会历史运动规律的"常"，阐明了认识、改造社会这一"变"的方法论。社会存在和发展的必然性，要求生产关系适应生产力，上层建筑适应经济基础，推动社会历史发展。历史主体要有所作为，必须尊重客观规律性，同时发挥主观能动性，根据生产力发展水平和客观要求，分析生产关系与生产力、上层建筑与经济基础的适应状况及其性质、特点，对不适应的部分进行调整或改革，让社会富有发展动力和充满创新活力，实现社会进步与发展。

习近平总书记指出，"革故鼎新、与时俱进是中华文明永恒的精神气质"⑥。进入新时代，世界百年未有之大变局加速演进，新一轮科技革命迅猛发展，新的矛盾和问题持续涌现。"推进中国式现代化是一个探索性事业，还有许多未知领域，需要我们在实践中去大胆探索，通过改革创新来推动事业发展，决不能刻舟求剑、守株待兔。""要把创新摆在国家发展全局的突出位置"⑦"勇于推进理论创新、实践创新、制度创新、文化创新以及各方面创新，通过革故鼎新不断开辟未来。"⑧

中油测井贯彻落实习近平总书记关于改革创新的重要论述，借鉴中华优秀

---

① 张景，张松辉译注. 道德经 [M]. 北京：中华书局，2021 年 5 月.
② 陈曦译注. 孙子兵法 [M]. 北京：中华书局，2022 年 3 月.
③ 王夫之. 周易外传 [M]. 北京：中华书局，1977 年 12 月.
④ 王夫之. 周易外传 [M]. 北京：中华书局，1977 年 12 月.
⑤ 胡平生，张萌译注. 礼记 [M]. 北京：中华书局，2017 年 11 月.
⑥ 习近平. 深化文明交流互鉴共建亚洲命运共同体 [N]. 人民日报，2019 年 5 月 16 日（2）.
⑦ 习近平. 推进中国式现代化需要处理好若干重大关系 [J]. 求是，2023 年第 19 期.
⑧ 习近平. 牢记初心使命，推进自我革命 [J]. 求是，2019 年第 15 期.

传统文化中关于"常"与"变"的论述,形成"知常达变"的常变观,并将之作为企业经营管理的基本方法。

(一)中油测井知常之循

中油测井知常之循,即公司开展生产经营管理所遵循的基本原则。坚持"两个一以贯之",坚持党对国有企业的领导,加强党的建设,把党的领导融入公司治理各环节、贯穿科研生产全过程,筑牢国有企业"根"和"魂";坚持社会主义市场经济方向,深化国资国企改革,建立现代企业制度,推动公司治理体系和治理能力现代化,更好发挥国有经济主导作用和战略支撑作用。全面履行国有企业经济、政治和社会责任,高效履行经济责任,成为推动高质量发展的主力军;坚定履行政治责任,成为党和国家最可信赖的依靠力量;带头履行社会责任,成为全面回报社会的国家队。

(二)中油测井达变之策

中油测井达变之策,即坚持"两个一以贯之"和坚定履行三大责任,根据企业内外环境变化,深化改革,不断创新,适时调整管理的对策和方法,确保企业能够迅速适应变化并抓住机遇,实现可持续高质量发展。

党的领导融入公司治理。全面加强党的领导,确立党组织在公司治理结构中的主体地位,明确党委在决策、执行、监督各环节的权责和工作方式,正确处理党委和执行董事、经理层等治理主体的关系,把加强党的领导与完善公司治理统一起来,充分发挥党委"把方向、管大局、保落实"作用,进一步推动党的领导与公司治理有机融合,推动制度优势更好转化为治理效能。修订完善"三重一大"决策制度和党委前置审议重大经营管理事项清单,明确决策主体、规范决策程序、防范决策风险、提高决策水平。

全面深化改革。在数次业务重组的基础上,用好改革"关键一招",高质量组织推进改革三年行动、深化改革提升行动实现预期目标，全面推进公司治理体系和治理能力现代化，加快构建适应时代要求和世界一流企业目标的组织体系，持续推动高水平专业化、一体化、国际化，不断延伸拓展创新链、服务链、价值链，提升人力资源价值、全员劳动生产率，形成改革创新双轮驱动、国际国内齐头并进、主营业务协同发展、转型升级加快推进的生动局面，为中油测井增强核心功能、提升核心竞争力，加速迈进世界一流企业注入活力动力。

强化科技创新。紧扣技术型企业定位，把科技创新作为奋进世界一流的关键动力，坚持自立自强、需求导向，从"支撑当前、引领未来"两个层面统筹推进，加强基础理论方法研究、硬件装备及软件研发，发挥好具有自主知识产权的 CPLog 测井装备、CIFLog 软件平台、CPPerf 先锋射孔等国际先进测井技术及装备优势，集中力量开展原创性、基础性、前瞻性测井关键核心技术攻关，聚力高灵敏度声波换能器、高性能中子管、耐高温测井芯片、智能测导等重点科技创新项目攻关，建设测井原创技术策源地，引领测井科技不断进步。

加快数智转型。实施信息补强工程，按照中国石油大集中 ERP 工作部署，做好顶层设计，编制实施方案。围绕研发、制造、服务、应用等主要业务，利用云计算、大数据、物联网、5G、人工智能、区块链等数字技术，建设测井大数据平台等"七个数字平台"，构建物理现实与数字环境融合交互的闭环系统。持续打造统一的协同办公平台、测井大数据、EISC 三大信息系统，应用大数据平台挖潜数据资源价值，构建"两地三中心"[①]一体化运行的基础信息设施体系，扎实推进"数智中国石油测井"建设。

[①] 两地三中心："两地"指西安、北京，"三中心"指西安主数据中心、长庆油田数据中心、中国石油昌平数据中心。

五、人本观——以人为本

"以人为本"是中华优秀传统文化的基本观点。早在春秋时期，管仲即提出"夫霸王之所始也，以人为本。本理则国固，本乱则国危。"[①]在数千年的历史发展中，以人为本得到各类思想学派的继承和发扬，成为历朝历代治国理政的基础和根本。从"民惟邦本，本固邦宁"[②]，到"仁者爱人"[③]，再到"为天地立心，为生民立命"[④]，关于以人为本的哲思睿语不可胜数，其蕴含的保民、重民、富民、利民的思想，深远影响着中国社会发展，在当代依然焕发着蓬勃生机。

马克思主义认为，生产力是社会发展的决定性力量，劳动者是生产力的主体，人民群众是社会历史的创造者，是社会历史发展的决定力量。人是现代化的主体，人的自由全面发展，是现代化的终极目标。一个国家要完成现代化，就必须依赖现代化的人来完成。

习近平总书记提出"以人民为中心"，发展为了人民、发展依靠人民、发展成果由人民共享的发展思想。"现代化的本质是人的现代化"[⑤]，在奋力推进中国式现代化建设的伟大进程中，必须充分发挥工人阶级主力军作用，调动广大职工群众的积极性、主动性、创造性，为推进强国建设、民族复兴建功立业。

"济大事者，必以人为本"[⑥]。中油测井深入理解坚持以人民为中心的发展思想，坚持全心全意依靠员工办企业，让企业发展成果更多更公平地惠及全

---

① 黎翔凤.管子校注[M].北京：中华书局，2020年6月.
② 钱宗武.尚书译注[M].北京：中华书局，2022年12月.
③ 杨伯峻.孟子译注[M].北京：中华书局，2019年2月.
④ 张载.张载集（章锡琛点校版）[M].北京：中华书局，1978年8月.
⑤ 习近平.论"三农"工作[M].北京：中央文献出版社，2022年6月.
⑥ 陈寿.三国志（陈乃乾点校版）[M].北京：中华书局，2012年3月.

体员工，增强核心功能，保障国家能源安全，以价值创造为核心，增进民生福祉，广泛凝聚起建设中国式现代化企业的测井力量。

（一）全心全意依靠员工

党的二十大报告强调，"全心全意依靠工人阶级，健全以职工代表大会为基本形式的企事业单位民主管理制度，维护职工合法权益"。中油测井尊重员工的主人翁地位，发挥员工的主人翁作用，通过职工代表大会组织员工积极参与企业经营决策和管理过程，提出合理化建议和问题解决方案，开展群众性创新与技术攻关，为建设世界一流测井公司献策出力。

坚持民主管理。健全以职工代表大会为基本形式的民主管理制度，落实三级职代会，组织员工参与企业生产经营决策，在企业战略规划、年度工作计划、深化改革方案、行政工作报告、财务预决算报告、领导干部评议等重大事项决策中听取员工意见建议，针对企业存在的问题形成提案，涉及员工切身利益的重大问题必须经过职代会审议。

坚持民主监督。深化四级厂务公开，建立涵盖生产经营管理重要问题、员工切身利益问题和党风廉政建设问题的三大类 5 项定期公开内容，形成纵向到底的多层级公开网络。不断深化厂务公开，创新制度机制，充分保障员工群众的知情权、参与权、表达权和监督权。

坚持全员创新。持续强化以"两院一中心"[①]为主体的关键核心技术攻关，建立完善员工创新体系，广泛开展技术技能比武、岗位练兵、名师带徒、专家送技能等活动，充分发挥创新工作室、技能专家工作室等平台作用，积极开展技术改进、设备改造、难题攻关等活动，抓实员工创新成果转化，形成全员创新创效的生动局面。

---

① 两院一中心：测井技术研究院、地质研究院、射孔技术中心。

（二）发展成果惠及员工

中油测井高质量高标准推进各项民生工程实施，深化"我为员工群众办实事"长效机制，将公司改革发展成果更多更好惠及广大员工，增强员工的获得感、幸福感和安全感。

关心员工生活。根据公司"点多面广战线长"，五湖四海、天南地北艰苦作业的特点，在国内和海外部署 70 多个生产生活基地，持续改善国内外基层一线员工生产生活、文体设施，配套建设员工公寓、前线倒班宿舍、文体活动场所、食堂，优化基地物业、保洁、绿化、安保等后勤服务，让员工上班有舒适环境，下班有活动场地。

关爱员工健康。改善员工医疗健康条件，常态化开展健康管理培训、专题讲座和义诊进企业活动，积极联动属地医院构建急重症就医通道，开展 40 岁以上员工专项筛查，建设健康小屋、健身场地，完善健康设施，开展各类文体活动，倡导员工健康生活，为员工身体健康保驾护航。

关怀员工家庭。落实员工休假疗养制度、重大节假日慰问活动，结合工作实际组织员工家属和子女"反向探亲"，建设母婴关爱室，开展员工子女暑期托管班，增进员工家庭幸福，让员工家属感受到企业温暖。

关注困难员工。关心关注民生诉求，重点关注困难员工、女员工等群体，履行"三不让"承诺，"一户一档"摸清困难员工情况，实施生活、助学、医疗、特殊帮扶，持续开展"送温暖"活动，做好"五必访"等员工慰问工作，为员工排忧解难。

（三）创造价值造福人民

中油测井用实际行动践行"人民至上"，深入开展对标世界一流企业价值创造行动，持续提升价值创造能力，切实发挥科技创新、产业控制、安全支撑作用，以实际行动为党分忧、为国尽责、为民奉献。

突出战略价值，保障国家能源安全。落实"四个革命、一个合作"能源安全新战略，助力国家新一轮找矿突破战略行动和深地深海战略实施，围绕中国石油国内"六油三气"重点勘探领域和海外五大合作区，持续提升测井技术服务保障能力，助力油气增储上产降本、高效率保障钻探提速提效提质，当好国家深地探测的"主力军"和支撑保障国家能源安全的"顶梁柱"。

突出经济价值，促进国民经济增长。坚持质量第一效益优先，聚焦效益效率关键指标，大力实施提质增效和低成本发展战略举措，加强价值创造体系建设，深挖生产经营各环节降本潜力，建设世界一流财务管理体系，全面提升资产创效能力和盈利能力，实现国有资本保值增值，为促进国民经济增长做出贡献。

突出创新价值，推动科技自立自强。紧扣技术型企业定位，争当引领全球测井行业发展领军企业，着力打好关键核心技术、创新体系建设、创新生态培育、数字化转型四场攻坚战，建设测井原创技术策源地和现代产业链链长企业，实现高水平测井科技自立自强。

六、和谐观——厚生惟和

"厚生"[①] 是指使人民生资丰沛，民生得以厚养，生命得以发达，表达了中国古代先贤们的民本导向和社会理想。"和"是中华优秀传统文化的精华。中华文化崇尚和谐，和谐思想贯穿于国家治理、社会建构、个人修为等各个层面。"夫和实生物，同则不继"[②]。"和"是由不同性质不同要素的事物相结合，从而能促进事物的丰富和发展。"中也者，天下之大本也；和也者，天下之达

---

① 顾迁译注．尚书 [M]．北京：中华书局，2016 年 1 月．
② 陈桐生译注．国语 [M]．北京：中华书局，2013 年 4 月．

道也。"① "和"既是万物"生"的根据，也是万物"成"的"达道"。和而不同、相互包容，才能求同存异、共生共长，达到各美其美、美人之美、美美与共、协和万邦、天下大同的佳境。

习近平总书记把马克思主义与中国传统和谐思想相结合，提出"构建人类命运共同体""只有各国都走和平发展道路，各国才能共同发展，国与国才能和平相处"② "文明因交流而多彩，文明因互鉴而丰富"③ "国之交在于民相亲，民相亲在于心相通"④ 等论述，契合时代特征和社会现实，赋予和谐崭新的内涵。

中油测井深入学习贯彻习近平总书记关于和谐观的重要论述，汲取中华优秀传统文化和谐观，将"厚生惟和"作为企业经营管理的长青之道，包括构建内部和谐、业群和谐、社会和谐三个层面的和谐关系。

（一）内部和谐

中油测井历经多次重组，所属单位点多面广战线长，企业文化、管理理念存在较大差异。为将公司上下拧成一股绳，心往一处想、劲往一处使，下好"一盘棋"，中油测井在管理模式、业务模式、团队建设、文化建设等方面下大力气实行诸多举措，有力推动形成"天南地北测井人，五湖四海一家亲"的和谐局面。

优化管理模式。针对生产作业高度分散的情况，实行"公司本部管总、研发制造主建、服务公司主战"的扁平化、集约化管理模式，持续完善"公司、分公司、项目部"三级组织架构，并建立"公司本部统筹管理＋国际公司全面

---

① 胡平生，张萌译注. 礼记[M]. 北京：中华书局，2017年11月.
② 习近平. 更好统筹国内国际两个大局夯实走和平发展道路的基础[N]. 人民日报，2013年1月30日.
③ 习近平. 文明交流互鉴是推动人类文明进步和世界和平发展的重要动力[J]. 求是，2019年第9期.
④ 习近平. 在中国国际友好大会暨中国人民对外友好协会成立60周年纪念活动上的讲话[N]. 人民日报，2014年5月16日（2）.

管理+海外作业区组织实施"的海外业务管理模式。成立东部、中部、西南、西部、国际五大资源共享中心，以统筹人力资源共享为主，完善物资装备资源共享、工艺技术共享、远程作业支持共享，推进物流共享中心、解释评价共享中心建设。通过优化管理模式，高效配置资源，各单位各司其职、密切配合，运营效率显著提升，实现公司和谐运转。

推进业务协同。聚焦测井主业，通过归核化改革，构建研发、制造、服务、应用"四位一体"的业务模式，实施"补链、延链、强链"工程，整合部分油田测试、射孔业务，探索新能源业务，不断拓展测井业务链。统筹国内国际两个市场、两种资源，深挖主体市场，做大成长市场，开拓新兴市场，形成主营业务协同发展、国内国际齐头并进的良好态势，充分发挥专业化、一体化、国际化发展优势，快速提升公司发展规模和经济体量。

加强团队协作。强化使命责任和团队意识，用特色鲜明的世界一流测井公司发展目标激励干部员工始终保持干事创业精神状态，做到目标同向、思想同心、行动同步、标准同度、意志同力。团队负责人坚持公平公正、分工协作，凝聚集体的智慧和力量，团结一心推动工作上台阶。干部员工顾全大局、投身改革，在携手推动测井事业发展中展示担当作为，形成"心齐、气顺、劲足、风正、人和"的良好局面。

促进文化协和。建设具有传统特性、石油特点、测井特色、国际特征，由理念系统、制度系统、行为系统、物质系统四个维度构成的新时代测井文化体系。抓好文化理念的宣贯落实，加快专项文化建设，创建各具特色的基层文化，深化全员对企业文化的理解、认同，推进文化落地。用统一的文化铸魂塑形、凝心聚力，筑牢广大测井员工共同的思想基础。

（二）业群和谐

中油测井作为国内最大、世界前三的专业化测井公司，业群涉及客户、兄弟单位、行业机构、科研院所、供应商等众多相关方。中油测井致力建设和谐的业群关系，为公司发展壮大营造良好生态。

密切沟通交流。着力强化与中国石油和中油技服、中油国际等上级单位的沟通协调，争取上级指导和政策支持。积极开展对油气田、钻探公司、驻陕企业、合作单位等的市场走访、合作交流和横向联系，及时掌握生产动态和需求，精准做好服务保障工作，推动关联交易及战略合作协议落实。

构建产业生态。始终坚持开放、合作的理念，充分发挥测井现代产业链链长企业的带动优势，汇聚各方力量构建测井生态圈，整合调动产业链要素资源，推动上下游企业分工合作、各显所长、融通创新、和谐共赢，建设测井千亿级产业链。

（三）社会和谐

习近平总书记指出，"任何企业存在于社会之中，都是社会的企业。"[1] 中油测井始终自觉担当，高标准履行社会责任，为社会发展做出应有贡献。

助力乡村振兴。通过产业帮扶、消费帮扶、人才帮扶、就业帮扶、教育帮扶等举措，助力定点帮扶地区产业发展和农民富裕，巩固拓展脱贫攻坚成果同乡村振兴有效衔接。

服务公益事业。热心参与公益慈善事业和社区治理，帮助残疾人、农村留守儿童等困难群体，保护妇女儿童合法权益，关心老龄事业发展，支持科教文卫等公共事业发展。

携手"一带一路"。在不断拓展国际业务、提升国际化水平的同时，持续加强海外履责，自觉遵守国际及所在地法律法规，尊重当地民族文化和宗教习俗，开展属地化经营带动当地就业，做好境外安全与劳动权益保护。

---

[1] 习近平. 在企业家座谈会上的讲话[N]. 人民日报，2020年7月22日（2）.

第五章　中油测井管理"八要"

中油测井遵循经营"六观",结合企业管理实际,提炼取势、善法、优术、利器、尚贤、崇文、竞合、共生等管理"八要",为中油测井构建现代企业管理体系、全面提升企业管理水平提供具体路径和方法。

一、取势——顺势而为

(一)取势释义

中华优秀传统文化中的"势",即反映事物发展规律性的趋势,具有客观性。"察势者明,趋势者智,驭势者独步天下"[1]"虽有智慧,不如乘势"[2]"故善战者,求之于势"[3],对"势"的认识和把握,影响着事物发展的方向和行动取得的成效。企业经营管理中的"势",是企业面临的外部环境与内部条件的变化趋势,对企业战略决策与管理具有决定性作用。"取势"即企业面对世界百年未有之大变局,立足中华民族伟大复兴战略全局,在经营决策与管理中必须审时度势、择机取势、顺势而为,才能做出科学决策,采取适当举措,引领企业在危机中育新机,于变局中开新局。

---

[1] 徐富宏译注. 鬼谷子 [M]. 北京:中华书局,2019 年 5 月.
[2] 杨伯峻. 孟子译注 [M]. 北京:中华书局,2019 年 2 月.
[3] 陈曦译注. 孙子兵法 [M]. 北京:中华书局,2022 年 3 月.

（二）中油测井"取势"管理理念

谋大事者必先观大势。中油测井在战略规划、经营决策、市场竞争、业务开拓等经营管理过程中，首先注重对企业发展面临的国际大势、国家形势、行业趋势、市场走势、企业态势等"五势"进行系统分析与研判，及时洞察、准确把握"势"的变化，将经营管理过程嵌入"势"的发展进程中，因势而谋、应势而动、乘势而上。编制"十四五"发展规划，明确建设特色鲜明的世界一流企业目标及路径；推进测井业务专业化重组，快速提升公司发展速度和经济体量；深耕主责主业，蓄势赋能新场景、新市场、新业务、新产品，打造"第二增长曲线"；以"一带一路"倡议为契机，加快做大国际市场规模，形成"主营业务协同发展、国际国内双轮并进"的发展新格局。

二、善法——治企有方

（一）善法释义

中华优秀传统文化中的"法"是明辨是非、去私存公、定分止争的标准或规则，是维护秩序和稳定的必要手段。"法者，天下之准绳也"[1]"治之端也"[2]"立善法于天下，则天下治；立善法于一国，则一国治"[3]。治理国家必须以法为本，制定体现国家利益、人人遵守的法律法规，作为实行赏罚的依据、治理国家的标准，同时严格依法办事，进而促进社会稳定、国家强盛。企业经营管理中的"法"，包括国家相关法律法规和企业制定的规章制度。"善法"即

---

[1] 李定生，徐慧君. 文子校释 [M]. 上海：上海古籍出版社，2016年6月.
[2] 方勇. 荀子译注 [M]. 北京：中华书局，2011年3月.
[3] 王安石. 王安石文集 [M]. 北京：中华书局，2021年8月.

企业在经营管理中严格遵守国家法律法规和企业规章制度来治理企业，保障企业稳健运营。

（二）中油测井"善法"管理理念

中油测井深入学习贯彻习近平法治思想，汲取传统文化"善法"理念，认真落实中国石油依法合规治企方略，坚持依法治企，尊法学法守法用法，做到办事依法、遇事找法、解决问题用法、化解矛盾靠法。坚持合规经营，始终在依法合规的前提下开展业务、讲究效益，坚守底线、不触红线，不做违规之事，不谋违规之利。坚持诚实守信原则，发扬契约精神，重合同、守信用，按契约行使权利，履行义务，承担责任。坚持依法维权，运用法律武器最大限度维护企业合法权益，通过合法途径表达诉求、解决争议，促进和谐稳定。围绕"优化八个体系、提升八种能力"重点任务，推进公司治理体系和治理能力现代化，加快建设世界一流法治示范企业。

三、优术——术有专攻

（一）优术释义

中华优秀传统文化中的"术"，原义为道路，后引申为途径、方法、技术等。老子的思想中，"有道无术，术尚可求也。有术无道，止于术"；庄子的思想中，"以道驭术，术必成。离道之术，术必衰"。"术"是将"道"付诸实践的具体操作方法和应用技巧，由人发明创造、并在社会生产生活实践中不断提升完善。"闻道有先后，术业有专攻"[1]，掌握了具体的方法、技能，才能具备相关的本领或能力。现代企业的"术"，即企业生产经营管理的具体方法和

---

[1] 韩愈. 韩愈文集汇校笺注[M]. 北京：中华书局，2018年3月.

技术。"优术"是在明确企业价值观、战略目标的基础上，不断学习、优化、提升生产经营管理的方法和技术，保障企业战略目标的实现。

（二）中油测井"优术"管理理念

中油测井牢记"创新测井、服务油气"使命，锚定建设特色鲜明的世界一流测井公司的目标，坚持问题导向、系统思维，与时俱进地创新和优化生产经营管理方法和技术。巩固拓展"三基"工作，从统一制度、标准、规范、流程、台账着手，推进企业管理体系化、业务管理制度化、流程管理标准化、基层管理特色化"四化"管理建设。深化精益管理，打造提质增效"升级版""精进版""增值版"，抓好开源、节流、人才、机制四个重点和拓展市场增效、生产运行提效、强化科技创效、风险防控稳效、深化改革释效、精益管理见效、人才强企促效、党建引领保效"八效"任务，实现全业务链增收、全价值链降本、全管理链提效，不断提升全员劳动生产率和资产创效能力。加快数字化、网络化、智能化建设，全面推进 EISC、大集中 ERP、测井大数据平台等系统建设应用，形成以信息流为中心的研发、制造、服务、应用全业务链管理，深化数据共享和数据产业化，不断提升管理效率和生产经营效益。

四、利器——器用专精

（一）利器释义

中华优秀传统文化中的"器"，指工具、器物等物体，并重在"以器载道"。"形而上者谓之道，形而下者谓之器"[①]，将有形的"器"作为载体来显

---

① 杨天才译注. 周易 [M]. 北京：中华书局，2022 年 2 月.

现和践行无形的"道",是中国古人造器活动的追求。老子强调"朴散则为器"[1],认为素朴、稚拙、实用是制作器物的标准。孔子强调"器以藏礼"[2],主张通过器物来彰显"礼",维护国家乃至天下的礼治。"工欲善其事,必先利其器"[3],选择和准备锐利精良的工具,对做好事情、完成任务至关重要。现代企业的"器",即企业在生产运营过程中所使用的各种资源、设备及工具。"利器",即企业通过有效配置、利用和创新各种资源、设备及工具,提供高质量的产品与服务。

（二）中油测井"利器"管理理念

中油测井坚持"面向国家战略、面向市场需求、面向科技前沿、面向绿色发展"的科技创新观,立足"四位一体"的业务模式,强化创新驱动,精益生产管理,优化资源配置,加快发展新质生产力,推动测井装备更先进、仪器更精准、服务更高效。科技创新业务,以万米深地科探工程为契机,开展耐高温、耐高压、高可靠仪器、狭小空间及微弱信号检测等核心技术攻关,锻造深地探测利器。装备制造业务,加快自动化生产、智能制造,实施全流程精益制造,促进服务型制造转型,引领国内测井装备制造业务发展。工程技术业务,立足行业发展和油田需求,持续提升深层超深层、非常规领域测井服务保障能力。测井应用业务,拓展面向井筒全生命周期的测井应用服务,发挥地质工程一体化优势,以更高水平更优质的服务,推进油气高水平、低成本开发。

---

[1] 张景,张松辉译注.道德经[M].北京:中华书局,2021年5月.
[2] 郭丹,程小青,李彬源译注.左传[M].北京:中华书局,2024年6月.
[3] 杨伯峻.论语译注[M].北京:中华书局,2017年8月.

五、尚贤——举贤任能

（一）尚贤释义

中华优秀传统文化中的"贤"，是指品行高尚又富有才干的人。"尚贤者，政之本也"①，墨子明确提出了"尚贤"的思想主张，将尚贤上升为治乱兴衰的根本国策。"见贤思齐焉，见不贤而内自省也"②"贵贤者霸，敬贤者存，慢贤者亡，古今一也"③。尊贤使能对治国理政、成就事业极端重要，当政者的要务就是举贤（发现人才）、众贤（培养人才）、授政（使用人才），对待贤才，要"富之、贵之、敬之、誉之"④。企业经营管理中的"贤"，是指企业所需的各类德才兼备的现代化人才。"尚贤"体现为企业重视和尊重人才，完善人才管理制度机制，搭建各类人才施展才能的平台，为人才创造良好发展环境，顺畅人才成长的通道，引群贤毕至，共襄测井大业。

（二）中油测井"尚贤"管理理念

中油测井秉承"尚贤"人才管理理念，坚持"人才创建事业、事业造就人才、企业依靠人才、人才忠诚企业"的人才强企观，重视人才、尊重人才，人尽其才、才尽其用。深入实施人才强企工程，健全完善"生聚理用"人才机制，全面构建管理、技术、技能、国际化等多维度人才培养体系，着力打造忠诚干净担当型管理人才队伍、尖端专业创新型技术人才队伍、绝活绝技工匠型技能人才队伍。营造鼓励创新的文化环境、识才用才的组织环境、留才爱才的舆论环境，不断激发人才创新创效活力，全面提升人力资源价值。建立"德配

---

① 方勇译注. 墨子 [M]. 北京：中华书局，2015 年 3 月.
② 杨伯峻. 论语译注 [M]. 北京：中华书局，2017 年 8 月.
③ 方勇译注. 荀子 [M]. 北京：中华书局，2011 年 3 月.
④ 方勇译注. 墨子 [M]. 北京：中华书局，2015 年 3 月.

其位、能岗相适、五湖四海、实干担当"用人导向，激发人才担当作为。大力弘扬劳模精神、工匠精神，培养出"全国劳动模范""集团公司特等劳模""中央企业劳动模范""感动石油人物""陕西产业工匠人才"等一批劳模先进，选树先进典型，强化示范带动，聚集世界一流人才，建设世界一流企业。

六、崇文——以文化人

（一）崇文释义

"文"最早用来形容事物有序聚集而成的美好和谐现象，后常与"化"字相连，既作名词使用，又表达以文化人的动态过程。"刚柔交错，天文也；文明以止，人文也。观乎天文，以察时变；观乎人文，以化成天下。"[1]人们仰观天文、俯察地理、认识自然、认识社会，以文来记述、归纳、总结对规律秩序、道德伦理的认识，通过教化、感化、潜移默化于人，从而实现以文化人。"圣人之治天下也，先文德而后武力"[2]"崇文以怀九服"[3]，文化关乎国本、国运，中华民族历来崇尚文治、重视教育。现代企业的"文"，包括生产经营管理的思想理念、道德精神、专业知识等。"崇文"，即尊崇、继承和弘扬中华优秀传统文化，重视用文化教育、道德建设提升员工综合素养，通过文化活动和文化建设来增强企业的凝聚力和向心力。

（二）中油测井"崇文"管理理念

中油测井以文弘业、以文培元，系统强化员工培训，通过道德讲堂、专业培训等提升员工综合素质，丰富员工的精神世界，为员工提供持续的学习和成

---

[1] 杨天才译注.周易[M].北京：中华书局，2022年2月.
[2] 王天海，杨秀岚译注.说苑[M].北京：中华书局，2019年12月.
[3] 魏收.魏书（唐长孺点校版）[M].北京：中华书局，2016年4月.

长机会，培育德才兼备的人才队伍。坚定文化自信，举办国学大讲堂系列讲座，系统学习中华优秀传统文化，促进传统文化在中油测井扎根升华。构建具有"优秀传统文化特性、红色石油文化特点、测井专业文化特色、国际先进文化特征"的测井文化体系，为建设特色鲜明的世界一流测井公司提供强大精神动力和文化支撑。将文化理念融入企业品牌建设，塑造中油测井（CNLC）服务品牌内核，贯穿测井装备（CPLog）、测井软件（CIFLog）等技术测井品牌打造各环节。通过文化宣贯、文化活动等多种方式，弘扬公司价值观念和文化理念，提升员工认同感和归属感，增强企业凝聚力和软实力。

七、竞合——合作共赢

（一）竞合释义

"竞合"是指既竞争又合作的关系，即在竞争中合作，在合作中共赢。"夫仁者，己欲立而立人，己欲达而达人。"[①]希望自己取得成功，也帮助他人成功；希望自己取得发展，也帮助他人发展，是儒家实行"仁"的重要原则。习近平总书记指出，"只有合作共赢才能办大事、办好事、办长久之事。要摒弃零和游戏、你输我赢的旧思维，树立双赢、共赢的新理念，在追求自身利益时兼顾他方利益，在寻求自身发展时促进共同发展。"[②]企业经营活动中，"竞合"意味着企业与市场其他参与者之间的关系从单纯的"争"更多地转向"合"，在培养自身竞争优势的同时，积极与上下游企业、同行、利益相关单位等开展合作，做强做优做大整个行业，最终实现共同进步、合作共赢。

---

① 杨伯峻.论语译注[M].北京：中华书局，2017年8月.
② 习近平.迈向命运共同体开创亚洲新未来——在博鳌亚洲论坛2015年年会上的主旨演讲[N].人民日报，2015年3月29日（2）.

（二）中油测井"竞合"管理理念

中油测井秉持"竞合"管理理念，既勇于竞争，又善于合作，在竞合中实现互利共赢。竞争，就是对标世界一流，在技术创新、生产效率、产品质量、精优管理、品牌塑造等方面追赶超越。合作，就是要在政策执行、市场维护、技术交流等方面发挥现代测井产业链"链长"企业作用，通过成立战略联盟、创新联合体等形式，建立开放包容的产业链、价值链、创新链，与国内外高校院所、高新企业、测井同行跨领域务实合作，着力构建"五湖四海、共商共建、合作共赢"的测井创新生态圈，有力推动现代化测井产业体系建设，促进行业同发展共进步。

八、共生——天人合一

（一）共生释义

"共生"即人与自然之间和谐平衡、相互依存、共同发展的关系和理念。"天地与我并生，而万物与我为一"[1]"万物并育而不相害，道并行而不相悖"[2]"天人之际，合而为一"[3]。中华优秀传统文化中丰富的"天人合一"思想，集中体现了人与自然和谐共生的关系，启示人类应遵循自然法则，尊重自然，保持自然界的生态平衡。在企业生产经营中，"共生"指企业注重绿色生产和环保，通过发展新能源业务、节能减排、资源循环利用等方式，降低和避免对环境的污染和破坏，实现与自然环境的和谐共生。

---

[1] 方勇译注．庄子[M]．北京：中华书局，2015年6月．
[2] 胡平生，张萌译注．礼记[M]．北京：中华书局，2017年11月．
[3] 张世亮，钟肇鹏，周桂钿译注．春秋繁露[M]．北京：中华书局，2018年12月．

（二）中油测井"共生"管理理念

中油测井深入贯彻习近平生态文明思想，牢固树立和践行绿水青山就是金山银山的理念，站在人与自然和谐共生的高度谋划企业发展，将保护生态环境作为企业可持续发展的基本条件。加快绿色低碳转型，紧跟国家双碳战略目标和中国石油绿色低碳发展行动计划，持续建设绿色企业，积极稳妥推进碳达峰碳中和。大力发展低功耗、小型化的绿色测井技术装备，推广中子管等绿色工艺技术，加速绿色科技项目研发成果转化。积极布局新能源业务，进军地热井、干热岩、矿产资源勘查、CCUS、可燃冰等新领域。严密防控环境风险，严守作业区域生态保护要求。深入推进节能减排，倡导绿色环保生产生活方式，强化能源资源节约集约循环利用，着力建设"花园式"厂区，推动绿色低碳可持续发展。

践行篇

行之愈笃,知之益明。本篇从战略、业务、经营、队伍、文化五个维度构建"践行"体系,系统呈现中油测井运用"六观""八要"推进现代企业管理的实践与探索,为打造中国特色国企管理"软实力"提供测井样本。

践行篇 | "兴企有为"的战略管理

第六章 "兴企有为"的战略管理

战略管理的智慧，深植于中华优秀传统文化之中。"凡事预则立，不预则废"[①]"不谋万世者，不足以谋一时；不谋全局者，不足以谋一域"[②]。习近平总书记强调，战略问题是一个政党、一个国家的根本性问题，战略上判断得准确，战略上谋划得科学，战略上赢得主动，党和人民事业就大有希望。[③]

中油测井牢记"中国石油是党的中国石油、国家的中国石油、人民的中国石油，一切工作、一切奋斗都要为党、为国、为人民"，践行"我为祖国献石油"使命责任，发扬石油精神和大庆精神铁人精神，坚决落实中国石油党组提出"测井技术定位要高水平、业务定位要中高端，打造一流的技术、一流的管理和一流的人才，实现一流的竞争力""努力打造世界一流测井公司"、中油技服加快从服务保障为主向自立自强的战略支持转变等有关测井改革创新和高质量发展系列工作要求。在战略管理上，始终坚持正确的政治方向，围绕中国石油"创新、资源、市场、国际化、绿色低碳"五大发展战略、"清洁替代、战略接替、绿色转型"三步走总体部署，锚定建设特色鲜明的世界一流测井公司发展目标，"形势分析"洞察挑战、把握机遇，"谋划布局"擘画蓝图、一绘到底，"组织实施"协调推进、高效执行，"评估调整"检视短板、优化策略，"改革创新"释放活力、赋能发展，"生态构建"和合共生、汇智聚力。通过实施

---

① 胡平生，张萌. 礼记译注 [M]. 北京：中华书局，2017年11月.
② 陈澹然. 寤言 [M]. 刻本. 长沙：徐崇立，1902（清光绪二十八年）.
③ 习近平. 更好把握和运用党的百年奋斗历史经验 [J]. 求是，2022年第13期.

科学战略引领,全力以赴推进高质量发展,切实发挥新时代测井国家队主力军的使命和功能。

一、形势分析:审时度势、守常知变

明者因时而变,知者随事而制[①]。中油测井准确认识和判断创建世界一流企业所面临新的战略环境、战略机遇、战略任务、战略阶段、战略要求,坚持以全球思维谋篇布局,以通用标准构建对标世界一流指标体系,统筹长期目标与短期目标,保持战略定力,把握战略主动。

(一)"五势"分析明晰战略定位

深刻把握中华民族伟大复兴的战略全局、世界百年未有之大变局,找准中油测井在世界大势、国家形势、行业趋势、市场走势、企业态势方面的战略位置(见图6-1),保证战略决策的科学性、前瞻性和有效性。

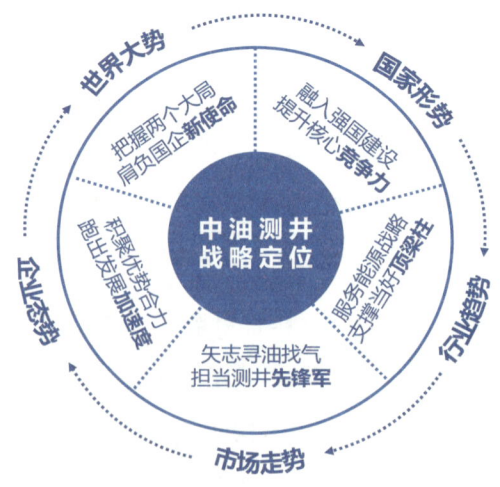

图6-1 中油测井战略"五势"分析

---

① 桓宽.盐铁论(陈桐生译注版)[M].北京:中华书局,2015年4月.

明辨世界大势,保持战略清醒。从全球视角看,国际环境正经历世界之变、时代之变、历史之变,百年未有之大变局进入加速演变期。与此同时,新技术革命正在重塑全球能源格局,绿色低碳发展成为重要取向,油气的政治属性和金融属性更为凸显。中油测井清醒认识到,赶超世界一流、加快国际化发展、提高市场竞争力,需要解决的问题比以往更加复杂,必须坚持国际视野看测井,坚定把测井的事情做好,在贯彻新发展理念,构建新发展格局过程中突显国企功能作用。

顺应国家形势,坚定战略自信。党的二十大吹响了全面建成社会主义现代化强国的号角,提出加快建设制造强国、质量强国、航天强国、交通强国、网络强国、数字中国,赋予国资央企新的使命责任。中油测井全面贯彻习近平总书记对中国石油和中国石油相关工作系列重要指示批示精神,坚决扛起推进中国式现代化的测井使命,牢牢把握新时代新征程国资央企工作的总目标、总原则、总要求,增强核心功能、提升核心竞争力,坚定战略自信,主动融入强国建设、服务国家战略、创建世界一流示范企业。

把握行业趋势,增强战略主动。我国石油和天然气对外依存度分别超过70%和40%,同时受复杂地缘政治影响,安全可靠保障油气供应任重道远。作为国内规模最大、产业链最全的专业化测井公司和国家高新技术企业,中油测井牢记习近平总书记"能源的饭碗必须端在自己手里"的嘱托,深刻领会"四个革命、一个合作"能源安全新战略,主动置身服务油气勘探开发七年行动计划、新一轮找矿突破战略行动、深海深地探测、"一带一路"能源合作,增强科技引领、价值创造和绿色发展能力,在支撑中国石油当好能源保供"顶梁柱"中走在前、做示范。

判断市场走势,明确战略方向。中国石油持续加大油气勘探开发、增储上产力度,加快推进油气和新能源业务融合发展,提出"三个1亿吨"长期

慧眼识藏　深地逐梦
中油测井现代企业管理知行体系探索与实践

稳产总体目标，作出绿色低碳转型"三步走"部署。中油技服锚定"矢志自立自强、矢志争创一流"战略目标，践行"坚持技术立企、坚持转型升级、坚持深化改革、坚持管理提升"战略举措，实施"四三工程"①，加快从服务保障为主向自立自强的战略支持转变。中油测井坚持优质服务集团内部主体市场，充分发挥专业化一体化发展优势，聚焦"六油三气"七大盆地②和"非常规、深层超深层、碳酸盐岩"等重点领域，为油气田提供全生命周期的高质量测井技术服务，在优质高效支撑油气增储、上产、降本过程中进一步做强做优做大。紧跟中国石油走出去战略，坚定不移发展国际业务，积极应对行业价格战、本地化优先、环境复杂化等挑战，提出"三项竞争策略"③、推动实现"四个转变"④，进一步提高国际化水平，增强CNLC品牌国际影响力，推动国际业务跨越式发展。同时，树牢绿色低碳发展理念，加快拓展新领域新业务，不断增强科技创新、服务保障和绿色发展能力，当好"绿色发展、奉献能源"积极践行者。

立足企业态势，抢抓战略机遇。历经20多年的潜心发展，中油测井坚持走专业化、一体化、国际化道路，积淀了技术优势、规模优势、模式优势、队伍优势和文化优势，更加坚定自信走向国内外测井大舞台，具备建成世界一流企业的基础和条件。总体来看，有了中国石油党组和中油技服党委的关心支

---

① 四三工程：系统实施研发组织、技术装备、成果转化"三大补强"，扎实推进高端发展、数字赋能、绿色低碳"三大转型"，大力开展组织架构、业务模式、运行机制"三大改革"，深化精益管理、市场营销、国际化经营"三大提升"。

② "六油三气"七大盆地：石油主要分布在松辽、渤海湾、鄂尔多斯、准噶尔、塔里木、柴达木六大盆地，天然气主要分布在鄂尔多斯、四川、塔里木三大盆地。

③ 三项竞争策略：聚焦甲方需求，实现技术引领市场；敢于以市场价格参与国际市场竞争，然后通过提升管理水平实现效益提升；坚持通过服务质量和效率打造CNLC服务品牌。

④ 四个转变：从单纯测井方法推介向为甲方提供解决方案转变，从单井解释向油藏研究转变，从陆上业务向陆上海上并重转变，CNLC从测井服务向综合服务平台转变。

持、油气田和钻探企业的业务支持、测井发展共同体的合作支持，全体员工不断凝聚目标同向、思想同心、行动同步、标准同度、意志同力的"五统一"合力，中油测井建设世界一流企业具备了天时、地利、人和优势，高质量发展呈现广阔前景。

（二）对标一流加快战略提升

立足高质量发展和建设世界一流企业实际，组织开展对标世界一流管理提升和价值创造行动，建立少而精、可抓取、实用性强的对标指标体系（见图6-2），推动公司整体一流目标实现。中油测井成为国资委创建世界一流示范企业试点单位、中国石油对标世界一流价值创造标杆企业。

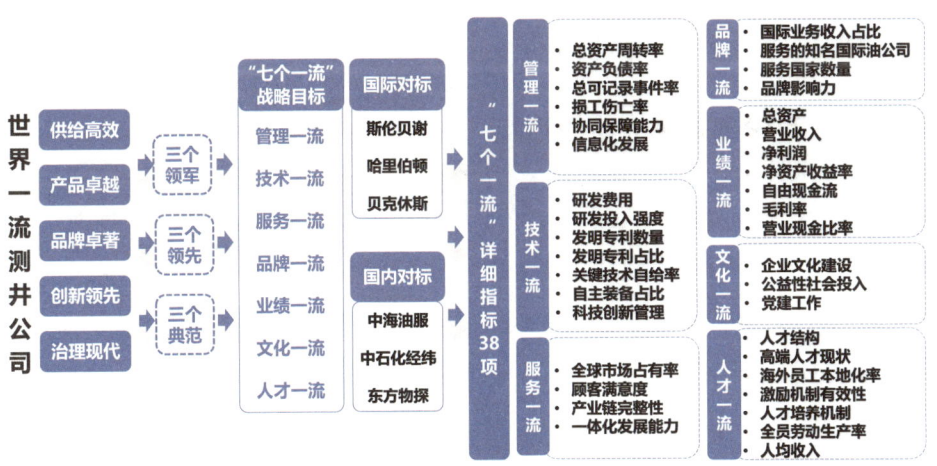

图 6-2　中油测井对标世界一流指标体系

设立战略目标。根据国务院国资委有关文件要求，结合中国石油指导意见、中油技服发展目标，聚焦建设"供给高效、产品卓越、品牌卓著、创新领先、治理现代"的世界一流企业，总结分析世界一流企业"三个领军、三个领先、三个典范"①共同特征,确立了管理一流、技术一流、服务一流、品牌一流、业绩一流、文化一流"六个一流"的战略目标。2022年,深入贯彻落实中央人才工作会、中国石油党组人才强企工程战略部署,树牢"人才是第一资源、没有人才一切归零"理念,新增"人才一流"目标,变为"七个一流"战略目标。

精准对标评估。在对标对象选择上,着眼行业领先、业务相似、规模可比、信息可获取,国际选择世界领先的斯伦贝谢、哈里伯顿、贝克休斯三大测井服务公司,国内选择中海油服、中石化经纬、东方物探三家企业。在对标分析中,按照"七个一流"目标,建立世界一流测井公司31项二级对标指标,全面开展对标世界一流企业跟踪研究、对比分析。2023年开展跟踪评价,优化形成38个二级指标体系,持续改进"七个一流"短板弱项,其中34个指标达成目标值,综合评价得分持续提升。

(三)科学部署确立阶段目标

在实现"七个一流"目标上,放眼长远,立足当前,兼顾整体与局部,明确"三步走"发展目标和远景目标。

到2021年末,高质量发展布局基本完成。智能导向、多维成像推广应用。国际业务形成五大区块。双序列改革初步完成,有序平稳推动机构改革。

到2025年,推动建成世界一流测井公司。世界一流测井公司建设取得重要进展,规模实力稳居世界前三,公司结构优化、体系完善、实力晋级,主体技术达到国际先进,智能测导、多维成像技术国际领先。与2020年相比,总产值增长69%以上,国际收入增长3倍以上,净资产收益率提高1.37个百分

---

① 三个领军、三个领先、三个典范:在国际资源配置中占主导地位的领军企业、引领全球行业技术发展的领军企业、在全球产业发展中具有话语权和影响力的领军企业;效率领先、效益领先和品质领先;践行绿色发展理念的典范、履行社会责任的典范、全球知名品牌形象的典范。

点，人均产值增长 60%。

到 2030 年，基本建成世界一流测井公司。科技实力稳居中国石油第一方阵，主体技术进入世界先进行列。与 2025 年相比，总产值增长 37.5%，国际收入增长 79%，净资产收益率提高 2.25 个百分点，人均产值增长 87.5%。广受尊敬、永续发展的数智测井、品质测井、精益测井、活力测井、开放测井、幸福测井建设取得重大成效。

二、谋划布局：运筹帷幄、纲举目张

面对复杂形势和繁重任务，中油测井把握国家、中国石油重大战略部署，锚定建设世界一流企业，坚持世界眼光、国际标准、测井特色、高点定位，大力实施"六大战略"，系统推进测井业务"十大工程"，持续强化党群业务"十项工作"，建立完善"五项机制"，全盘布局"十四五"完整的战略规划体系（见图 6-3），系统回答高质量建设世界一流测井公司的重大命题。

图 6-3　中油测井"十四五"战略规划

慧眼识藏　深地逐梦
中油测井现代企业管理知行体系探索与实践

（一）"四个坚持"深化战略认知

2021年，在中油测井第四次党代会上首次明确提出"坚持世界眼光、坚持国际标准、坚持测井特色、坚持高点定位"发展策略。2022年，进一步将"四个坚持"提升为中油测井经营管理策略。坚持世界眼光，就是胸怀天下、放眼世界，用开阔的胸襟、包容的心态、宽广的视野和共赢的理念，推进补链、延链、强链，提升国际竞争力和品牌影响力，拓展高质量发展空间。坚持国际标准，就是瞄准国际前沿、紧盯国际标准，用先进理念推进科技创新、公司治理、队伍培育和文化建设，打造中国测井原创技术策源地和现代产业链链长，增强高质量发展动能。坚持测井特色，就是坚持专业化、一体化、国际化发展，全面形成"主营业务协同发展、国际国内双轮并进"的发展格局，建立与党建"四化"①相融互促的"四化"管理体系，夯实高质量发展根基。坚持高点定位，就是坚持科技是第一生产力、人才是第一资源、创新是第一动力，积极融入国家战略，持续深化测井改革创新发展，全力打造中国测井创新、人才、文化高地，激发高质量发展活力。"四个坚持"凝结了对建设世界一流企业的战略性、全局性、长远性、规律性认知，集中体现了对如何建设世界一流测井公司的深入思考，标志着中油测井在理论和实践统一上迈出了重要一步。

（二）"六大战略"确立实现路径

紧跟国家战略规划，紧扣中国石油、中油技服安排部署，紧贴测井行业发展实际，提出实施"市场导向、创新驱动、精益管理、人才强企、数字转型、国际发展"六项独具测井专业特色战略，明确了实现"十四五"规划目标的战略举措和高质量建设世界一流测井公司的路径。"六大战略"之间紧密联系、相互贯通、有机统一，市场导向战略是立足之本，创新驱动战略是动力之源，

---

① 党建四化：党群工作系统化、业务工作制度化、基础工作标准化、党建工作特色化。

精益管理战略是效益之魂，人才强企战略是生存之基，数字转型战略是破局之要，国际发展战略是现实之需。

（三）"十大工程"明确工作重点

准确把握高质量发展内涵，贯彻新发展理念，构建新发展格局，围绕实现"十四五"目标任务，立足研发、制造、服务、应用"四位一体"业务协调发展，系统推进"市场开发、生产组织、技术研发、装备制造、解释评价、信息建设、安全环保、企业管理、品牌打造、支持保障"等测井业务"十大工程"。"十大工程"是一个有机整体，每一项都是支撑公司发展的支柱，涉及公司生产经营方方面面：市场开发工程致力多打粮食，生产组织工程瞄准优质高效，技术研发工程聚焦自主创新，装备制造工程突出智能制造，解释评价工程强化油藏研究，信息建设工程助推智慧测井，安全环保工程持续固本强基，企业管理工程深化公司治理，品牌打造工程重在传播价值，支持保障工程着力支持能力。

（四）"十项工作"强化党建引领

中油测井坚持以习近平总书记关于党的建设的重要思想为指导，全面贯彻新时代党的建设总要求，坚持"两个一以贯之"，持续加强政治建设、思想建设、队伍建设、组织建设、廉政建设、文化建设、工会工作、青年工作、综治维稳、本部建设等党群业务"十项工作"，并将"十项工作"内嵌到测井业务"十大工程"中，用高质量党建引航赋能高质量发展。提高党建"四化"水平。结合上级最新要求、主营业务需要、党建工作实际，不断赋予"十项工作"新内涵，推动党建工作质量持续提升。按"强弱项、促提升、上水平"三个阶段，用三年时间不断提高党群工作系统化、业务工作制度化、基础工作标准化、党建工作特色化水平。推进"四个优化提升"。在巩固拓展党建工作成果基础上，以党建工作与生产经营深度融合为切入点，促进治理效能优化提升、协同效率优化提升、执行效果优化提升、示范效应优化提升。建设党建生态系统。在"体"上持续完善党的领导与公司治理有机统一的管理体系，在"面"上持续探索促进党建与科研生产融合的制度保障，在"线"上持续固化基层党建"三基本"建设与"三基"工作有机融合的工作标准，在"点"上持续总结具有测井特色的党建与生产相融相促的特色案例。通过反复夯实提升、融合互促，着力打造党建与生产经营同频共振、相融互促的党建生态系统（见图6-4），切实把党的政治优势组织优势转化为竞争优势发展优势。

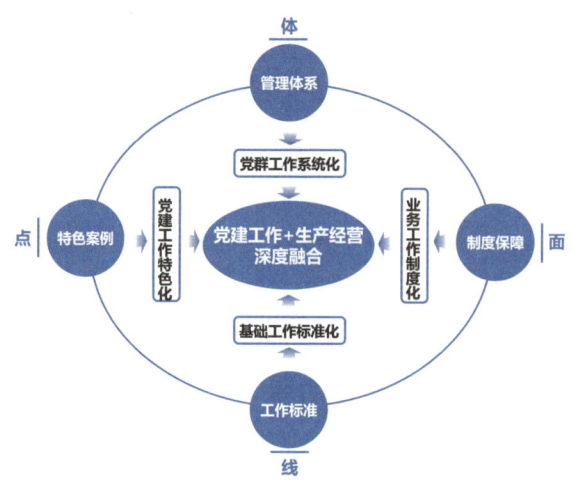

图 6-4 中油测井党建生态系统

（五）"五项机制"完善保障措施

为高质量实施"六大战略"、推进测井业务"十大工程"和党群业务"十项工作"，确保整体规划部署落实落地，建立完善"责任分工、统筹协调、人才交流、督查落实、激励奖惩"五项保障机制。责任分工机制。把握重点，建立完善"决策、执行、监督"管理体系和"公司本部管总、研发制造主建、服务公司主战"管理模式，厘清各个治理主体权责边界。统筹协调机制。注重效率，建立全方位统筹、深层次沟通、多渠道交流的"大协调"机制，营造良好发展环境。人才交流机制。抓住关键，让各类人才都有"上升的空间"和"出彩的舞台"，在自我升值的同时实现公司增值。督查落实机制。找准要害，倡导"马上就办、担当尽责"，以实绩论英雄，以实干促发展，发挥监督职能，推动工作落地。激励奖惩机制。着眼精准，灵活运用多种激励方法，精准施策、靶向发力，形成奋发有为、干事创业的良性局面。在实践中，注重与时俱进推动"五项机制"研究创新、丰富完善，逐步形成适合中油测井的工作特色。

三、组织实施：谋定后动、循次而进

在战略的组织实施中，中油测井紧盯建设世界一流测井公司发展目标，抓住制约高质量发展的主要矛盾和矛盾的主要方面，确定"十四五"期间各年度任务，一年一个主题，稳扎稳打、压茬推进，做到相辅相成、滚动提升（见表6-1）。

表 6-1 中油测井"十四五"各年度主题

年度	主题	主要任务
2021 年	改革深化年	立柱架梁、理顺机制 重在谋篇布局，为"十四五"高点开局提供体系保障
2022 年	基础建设年	夯实基础、固本强基 重在夯基提效，为"十四五"持续发展提供基础支撑
2023 年	效益提升年	释放活力、提质增效 重在开源节流，为"十四五"加快发展提供效能驱动
2024 年	安全巩固年	管控风险、安全发展 重在风险管控，为"十四五"稳健发展提供安全护航
2025 年	党建保障年	政治保障、长效机制 重在圆满收官，为"十四五"完成任务提供政治保障

慧眼识藏　深地逐梦
中油测井现代企业管理知行体系探索与实践

（一）2021 年：改革深化年

2021 年初，基本完成中国石油测井业务专业重组任务，成为国内最大、世界前三的专业化测井公司。站在新起点，中油测井以"国企改革三年行动"为契机，启动 2021 年"改革深化年"各项工作，全面完成中国石油测井业务专业化整合任务，公司成立以来最大规模的内部资源归核化整合平稳落地，科学编制、扎实推进中长期战略规划，加快推进数字化转型、智能化发展，专业化、一体化、国际化发展布局基本完成，获评集团公司 2021 年度业绩考核 A 级企业，实现"十四五"良好开局。

（二）2022 年：基础建设年

2022 年，以学习宣传党的二十大精神为工作主线，锚定一流目标，推动战略实施，聚焦"市场、技术、管理、人才"四项重点工作，突出风险防控，着力强基固本，全面推进高质量协同发展。通过开展"基础建设年"活动，大力实施精益管理战略、推进企业管理工程，狠抓"三基"工作，推动基层党建"三基本"建设与"三基"工作有机融合全面落地，促进企业管理体系化、业务管理制度化、流程管理标准化、基层管理特色化，实现体、面、线、点系统性加强，为超额完成中国石油下达的各项业绩考核指标、加快"十四五"发展贡献管理效能。

（三）2023 年：效益提升年

2023 年，深入开展学习贯彻习近平新时代中国特色社会主义思想主题教育，紧紧围绕中国石油新时代新征程中心任务和战略安排、"六个走在前做示范"[①]

[①] 六个走在前做示范：在保障国家能源安全上走在前、做示范，在加快实现高水平科技自立自强上走在前、做示范，在推进公司治理体系和治理能力现代化上走在前、做示范，在加快绿色低碳转型上走在前、做示范，在深化国际能源合作上走在前、做示范，在坚持党的领导加强党的建设上走在前、做示范。

重要部署，构建完善以财务管理为中心的企业管理体系，推进主营业务协同发展，完成"效益提升年"开源、节流、人才、机制四个重点和"八效"任务，主要经济考核指标再创历史新高，高质量发展和世界一流测井公司建设取得重要进展，"十四五"发展效能驱动更为强力。

（四）2024年：安全巩固年

2024年，深刻分析中油测井增强核心功能、提升核心竞争力的具体内涵，准确把握建设世界一流测井公司的时代使命、现实需要和价值体现，明确做强科技、做大规模、做精管理、做优人才、做和文化、做深党建"六做"重点部署，全力以赴实现高质量发展新跨越。为保障规划目标、年度目标实现，统筹实施"安全巩固年"重点任务，构建大安全风险防控体系，形成安全环保管理长效机制，夯实国内、国际高质量发展安全基础，以高水平安全保障"十四五"稳健发展。

（五）2025年：党建保障年

2025年，持续落实"六做"重点部署，持续深化改革创新，全面强化党建保障，聚焦科技供给不足、企业管理滞后两大亟待解决矛盾，强化政治统领、思想铸魂、组织强基、人才固本、文化聚力、监督保障，聚焦"1348"①年度生产经营工作安排，促进党建工作和生产经营深度融合、相融互促，确保"十四五"目标任务全面完成、高质量收官，推动建成科技创新驱动、业务规模匹配、管理精益高效、人才活力迸发、文化和合共生、党建引领有力的特色鲜明的世界一流测井公司。

---

① "1348"：锚定一个目标，打好三场战役，突出四项举措，重点抓实八项工作。

四、评估调整：鉴往知来、扬长补短

深入领会党的二十大精神，准确把握中国式现代化对能源国企提出的新任务新要求，围绕中国石油党组和中油技服党委关于建设世界一流测井公司的指导要求，在战略执行中持续回顾和检视各方面工作成果，综合研判、顺势而为，发扬优势、补齐短板，优化战略目标和举措，一张蓝图绘到底，体现测井责任担当。

（一）滚动调整"十四五"发展规划

2021年至2023年，锚定实施"十四五"发展规划，一年一个台阶，一年一个跨步，高质量发展取得重要阶段性成果。运用学习贯彻习近平新时代中国特色社会主义思想主题教育成果，综合考量各方面因素，遵循实事求是、科学合理、积极进取的原则，调整"十四五"规划，编制2024年至2026年滚动规划，科学调增规划目标，精准"六大战略"指向，突出"十大工程"重点，进一步完善建设世界一流测井公司的战略目标和重点措施。

（二）聚焦"六做"加速奋进一流

2024年至2025年是推动建成特色鲜明的世界一流测井公司关键时期。中油测井准确把握中国石油增强核心功能、提升核心竞争力的部署要求，聚焦"六做"重点部署，持续补短板、锻长板、固底板，全力以赴实现高质量发展新跨越（见图6-5）。

践行篇 | "兴企有为"的战略管理

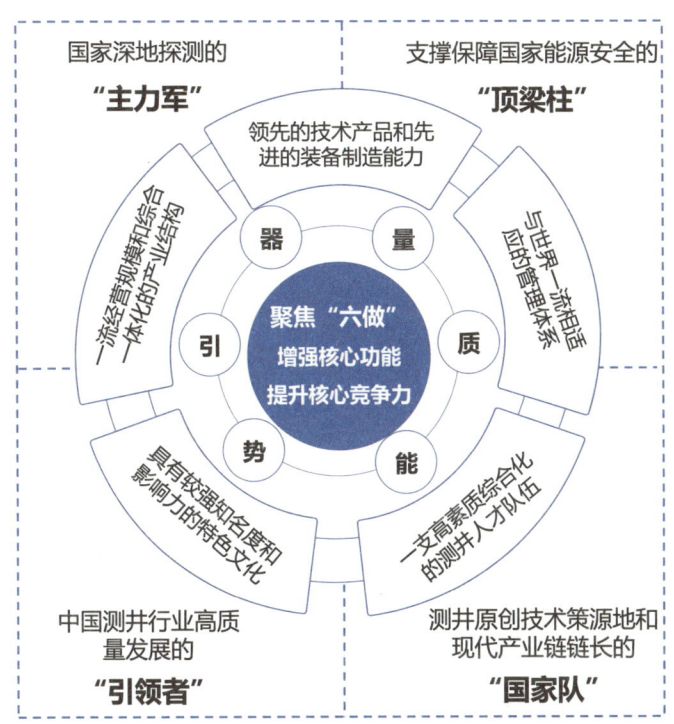

图 6-5 中油测井"六做"重点部署

做强科技，推动科技自立自强，促进"器"的创新突破。树牢"科研就是为了应用"理念，持续推动测井数字化转型、智能化发展，打造中国测井创新高地。做大规模，推动服务能力升级，促进"量"的合理增长。在业务上补链、市场上延链、技术上强链，增强市场开拓、服务保障和价值创造能力。做精管理，推动质量效益增长，促进"质"的有效提升。强化以财务管理为中心的企业管理，推动全业务链增收、全价值链降本、全管理链提效。围绕企业管理体系化、业务管理制度化、流程管理标准化、基层管理特色化，构建与世界一流测井公司相适应的管理体系。做优人才，推动人才强企工程，促进"能"的综合提高。构建新型高效组织体系，推动精准考核分配及中长期激励，提升劳动生产率和人力资源价值。做和文化，推动测井生态构建，促进"势"的环境营造。认真落实中国石油文化引领战略举措，深化交流合作，调动一切积极因素，营造开放合作、和谐包容的发展环境。做深党建，推动全面从严治党，促进"引"的作用发挥。巩固拓展主题教育成果，建立健全以学铸魂、以学增智、以学正风、以学促干的长效机制，提升党建工作质量，推动全面从严治党持续向纵深推进、向基层延伸。

五、改革创新：革故鼎新、与时偕行

中油测井在改革中诞生，在改革中发展，在改革中壮大，测井国家队实力日益雄厚，油气勘探开发主力军作用充分彰显。实践充分证明，深化改革就是推动高质量发展的制胜法宝。

（一）业务重组凝聚专业化一体化优势

2002年初，中国石油党组着眼全面建设具有国际竞争力跨国企业集团，按照专业化、集约化原则，对测井等市场竞争性强的技术服务业务，积极稳妥地进行跨地区、跨企业专业化重组，年底组建中国石油集团测井有限公司。旨在通过重组，培育出敢于参与国际市场竞争的测井劲旅，提高石油测井技术水平特别是自主研发水平和服务能力，建设国际化测井有限公司。中国石油党组、中油技服党委高度重视和大力支持中油测井发展，持续推动测井专业战略重组，进一步延伸测井研发、制造、服务业务链条，优化测井技术力量，整合测井业务资源，提升中油测井规模实力和整体竞争力。历经多次业务重组，中油测井实现了中国石油国内外测井业务统一管理，发展壮大为具有国际影响力的专业化测井公司（见表6-2）。

表 6-2 中油测井历次业务重组情况

年度	主要任务
2002 年	整合长庆油田、华北油田、吐哈油田、青海油田、塔里木油田测井业务和江汉所、西仪厂测井研发业务
2006 年	西安石油勘探仪器总厂测井装备制造业务划转并入
2017 年	大庆钻探、西部钻探、渤海钻探、川庆钻探测井业务和长城钻探国内测井业务并入
2020 年	长城钻探国际测井业务并入
2021 年	中油技服旋转导向研发业务并入，接收华北油田测试业务、辽河油田射孔业务
2024 年	玉门油田、西部钻探射孔业务和渤海钻探测试、射孔业务划入

2002 年 12 月，整合长庆油田、华北油田、吐哈油田、青海油田、塔里木油田测井业务以及江汉测井研究所、西安石油勘探仪器总厂研究所测井研发业务，成立中国石油集团测井有限公司。2006 年 3 月，西安石油勘探仪器总厂测井装备制造业务及相关资产人员划入中油测井，延长制造业务链。2017 年 12 月，大庆钻探、西部钻探、渤海钻探、川庆钻探测井业务和长城钻探国内测井业务整体划入中油测井，研发、制造、服务、应用业务一体化发展优势更为突出。2020 年 12 月，长城钻探国际测井业务整体划入中油测井。2021 年，中油技服旋转导向研发业务划转并入中油测井，接收华北油田测试业务、辽河油田射孔业务。至此，中油测井基本完成中国石油测井业务专业化重组，规模得到扩大，实力得到提升，具备了与国际测井行业大公司同台竞技的基础。2024 年 8 月，根据中国石油决策，持续推进射孔业务重组整合，玉门油田、西部钻探射孔业务，渤海钻探测试、射孔业务划入中油测井。

（二）深化内部改革提升现代治理效能

测井业务重组整合后，中油测井全面深刻领会高质量发展的丰富内涵和实践要求，适应新征程新形势新要求，推动国企改革三年行动、深化改革提升行动落地实施，推进公司治理体系和治理能力现代化，为"十四五"快速发展提供可靠的机制保障（见表6–3）。

表6–3　中油测井持续深化内部改革情况

年度	主要任务
2020年	全面完成双序列改革，统一整合国内市场业务，分步整合国际市场业务，统筹规范矿权流转区块
2021年	整合研发、制造、物装、物采、评价、监督、国际等业务资源
2022年	组建5个人力资源共享中心，推进经营型项目部改革试点，全面开展"三定"工作
2023年	实施新一轮改革深化提升行动，完善"决策、执行、监督"体系建设，深化纪检体制改革
2025年	部署推进全面深化改革，制定实施方案及28项改革举措

2020年，全面完成双序列改革。选聘首席和技术专家20名、一至五级工程师4226名。改革考核分配机制，员工积极性有效激发。统一整合国内市场业务。按"一市场一策略"制定改革方案，形成统一市场开发、统一资源配置、统一生产组织、统一技术标准、统一后勤保障、统一费用结算，人员共享、物资共享和装备共享的"六统一、三共享"管理模式，提高资源利用率和市场管理效率。分步整合国际市场业务。整合4个单位海外业务，形成非洲、中东、中亚、亚太、美洲五大合作区服务格局。构建"国际公司统一管理、境外作业区具体实施、大区区域协调"的管理模式，完成国内职能部门及所属单位机构设置和人员配备，国际业务境外机构和基地的优化整合，为国际业务大跨步发展奠定坚实基础。统筹规范矿权流转区块。明确由对口单位负责按项目管理机制运行新的矿权流转区块，全力保障中国石油矿权流转区块的勘探开发。各区域分公司服务油气、保障钻探能力和市场竞争力得到进一步加强。

2021年，开展内部业务资源整合。全面推进部门职能、研发、制造、装备、物资、质量计量、国际业务、解释评价、三项制度等改革，同步实现领导人员任期制和契约化、两级部门职能优化、二线领导项目制等改革任务，主营业务归核化、区域资源集约化、企业管理精益化、管理界面清晰化、队伍建设专业化成效持续显现。

2022年，组建5个人力资源共享中心。按照先试点后推广的原则，组建5个区域人力资源共享中心和操作工程师管理中心，解决区域间资源分布不均衡、人力资源统筹配置难度大等问题。推进经营型项目部改革试点。全面推行单井包干升级版，加快完善推广一队N班、人机分离的"机场模式"运行机制，实现以井为中心生产要素自动优化配置和高质量有序流动，推动项目部自主经营、自负盈亏、自我约束。全面开展"三定"工作。突出两级本部管理职能优化和区域同质化业务整合，完成上级下达的"十四五"前两年二级、三级机构，中层和基层领导职数压减目标。

2023年，实施新一轮改革深化提升行动。以持续深化组织结构体系改革、供给侧结构性改革、科技体制机制改革、市场化运行体系改革、管理提升和制度体系改革为重点，以全面加强党的领导和党的建设为根本保证，部署推进6个方面18类46项改革任务。截至2024年末，改革深化提升行动完成总体进度的80%，提前完成中国石油要求的年度目标任务。

2025年，部署推进全面深化改革。围绕推进公司治理体系和治理能力现代化总目标，制定2025年全面深化改革实施方案及28项改革举措，着力向基层延伸穿透，全面完成改革深化提升行动目标任务。加快推进射孔测试业务内部资源专业化整合，明晰物资装备管理职责界面，加快数信业务发展，完善财务机构设置，全面上线大集中ERP管理模式，持续优化工程技术服务、装备制造、物资管理、供应链、解释评价等业务运行机制，释放改革效能，提升效率效益。

六、生态构建：同舟共济、和合共建

中油测井积极服务国家重大战略，勇挑现代化测井产业链链长重担，推进基础固链、技术补链、融合强链、优化塑链，带动各类市场主体参与现代化测井产业体系建设，完善创新链、延伸业务链、拓展价值链。"积力之所举，则无不胜也；众智之所为，则无不成也"①。在这个过程中，中油测井携手业界构建"五湖四海、共商共建、合作共赢"的测井创新生态圈（见图6-6），突出能源保供"顶梁柱"、科技创新"国家队"、高端制造"领头羊"、行业发展"引领者"、产业转型"排头兵"的角色定位，引领中国测井行业高质量发展，为测井行业的未来绘制一幅共生共荣、互联互通的宏伟蓝图，为推进中国式现代化贡献测井力量。

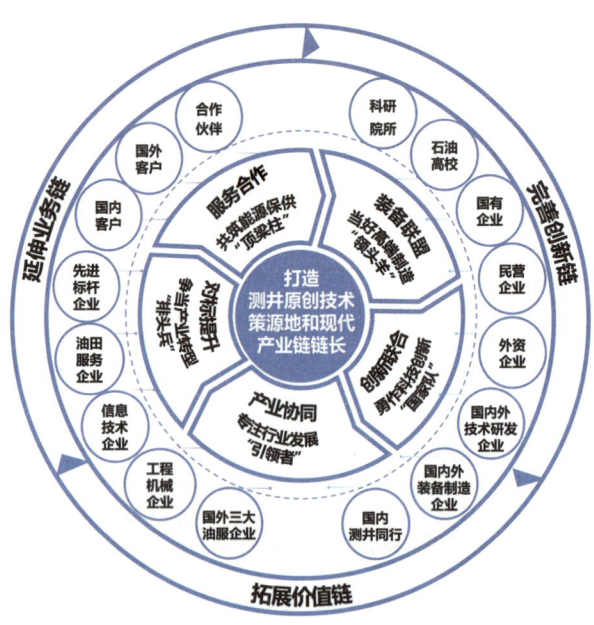

图 6-6　中油测井构建测井创新生态示意图

---

① 刘安. 淮南子（陈广忠译注版）[M]. 北京：中华书局，2022年3月.

（一）共筑能源保供"顶梁柱"，服务合作呈现新形态

发挥中油测井高度专业化优势，与国内外油田客户、集团内部单位、其他合作伙伴深化战略合作、共建发展共同体，增强保障国家"一带一路"能源合作、深地探测、能源安全战略能力。

国内外油田客户方面，实现与国内各油田企业、钻探公司常态化交流合作。围绕油田勘探开发重点难点，开展各层级技术交流；针对收集到的不同需求，分门别类制定落实措施，定期进行反馈改进；针对重点区块积极探索风险合作新方式，有力支撑了一批重大油气发现，共同构筑保障国家能源安全"顶梁柱"。在国际上，坚定"走出去"拓展发展空间，务实推进"一带一路"能源合作建设。公司领导先后带队走访中东、中亚、亚太、非洲等地区政府部门、重点客户、同行企业，深入了解客户需求，拓展合作领域，提升国际化经营水平，构建发展共同体。

集团内部单位方面，与中国石油内部各单位深化合作，共同培育壮大服务油气勘探开发测井产业集群。与中国石油勘探开发研究院开展五个方面深度合作，充分发挥各自优势与特色，打造关键核心技术攻关、成果转化的新型试验平台。与宝鸡石油机械有限责任公司、宝鸡石油钢管有限责任公司不断深化合作、联合研发，共同促进国产新设备、新工艺在测井专业化技术服务领域的推广应用。与工程材料研究院有限公司建立各个层级的沟通交流机制，加强前沿科技信息共享和软科学协同研究，强化测井核心元器件研发检测、仪器构件修复再造等项目攻关。

其他合作伙伴方面，积极探索国际化发展新途径，加速技术、服务、产品国际化，携手国际石油公司拓展更广阔的市场。与海峡能源有限公司在测井技术信息交流、国际合作、新技术联合研发、生产生活服务及混合所有制改革等具体工作上加强合作。与安东石油技术集团有限公司建立定期交流机制，加强

技术、市场方面交流与合作，联手打造"责任担当、技术保障、协同发展"的命运共同体。与 Hunting Titan 公司在装备研发、制造与应用等油气业务领域进行技术共享、协作共建，为产品技术提升共同努力，同时依托该公司在北美、南美、非洲等市场丰富的经验，寻求更加紧密的商务合作，实现互利共赢。

（二）当好高端制造"领头羊"，装备联盟步入新领域

中油测井致力于国产高端测井装备的自主研究和推广应用，联合从事测井装备研制和供应的大专院校、科研院所、民营公司等开展全方位合作，促进国产先进测井装备高质量发展。2022 年 8 月，主办新一代 CPLog 成像测井装备联盟大会，成立国内首个测井装备联盟。强化技术标准先行。突出标准先行、强化系统观念，开展技术研发的标准研究、公共技术平台的开发、iWAS 智能采集系统研制、智能制造技术研究，打造统一的 CPLog 和 CIFLog 两大标准体系，促进技术共享与集成，提升研发效率与产品标准化水平，加速产品迭代及成果转化速度，形成测井装备研发新形态。打造规范共享平台。发布 CPLog 测井系统接入规范，打造行业领先、开放兼容的 CPLog 技术共享平台，为系统拓展及企业间的技术集成提供标准规范依据，实现跨单位、跨行业、跨地域的科技资源共享利用，促进知识共享和交流合作成为常态，为构建完整、健康产业链注入"融合剂"。塑造高端装备品牌。面对绿色低碳和数字化转型的新要求，掌握创新主动权，将过硬产品质量和客户满意度作为构建联盟的物质基础，通过专注研发、统一标准、技术引进、联合研究、资源共享等举措，集中优势力量升级新一代 CPLog 成像测井装备，共同打造中国测井装备品牌，实现更高水平的科技自立自强。测井装备联盟的成立和发展，对加快建设安全稳定可控的现代化测井装备产业链，更好地保障国家能源安全、提升能源开发效率具有重要意义。

（三）勇做科技创新"国家队"，创新联合集聚新合力

与国内超过 100 家石油高校、科研院所、合作企业广泛建立创新联合体，促进企业主导的产学研深度融合，全力打造测井原创技术策源地和测井创新人才高地。

国内石油高校方面，大力支持测井学科建设和学校发展，围绕测井技术研发、人才培养和专项培训等方面开展全方位合作。与中国石油大学（北京）建立"成像测井新技术与油气人工智能测井创新联合体"，加强双方科技与人才合作，打造"早出成果、早出经验、多出人才、多做示范"的校企合作典范。与西南石油大学建立"工程测井创新联合体"，共同在储气库、CCUS、地热等新能源领域培养急缺人才、加强合作攻关。与长江大学建立"复杂储层及生产测井创新联合体"，进一步推动高校人才智力资源优势、科技成果落地转化。

央企科研院所方面，通过深化合作、协同创新，更好发挥央企在新型举国体制中的科研骨干支撑作用。与中科院上海硅酸盐研究所全面推进以科技创新为核心的创新合作机制，一起探索换能器产业化机制，扩大联合制造能力，形成稳定的产业链、供应链，并在先进材料、传感器、光纤等方面实现深度合作。与中国科学院地质与地球物理研究所相互补强技术力量，联合在国家层面立项开展关键核心技术攻关，打造国家级实验平台，持续推进测井原创性、基础性前沿技术攻关，推进随钻智能测导系统现场试验与规模化推广应用。与国家增材制造创新中心建立"石油测井增材制造创新联合体"，双方就加强"3D 打印 + 测井"技术融合发展达成共识，确定仪器结构功能设计、多材料 3D 打印技术研发、国家级项目联合申报、增材领域国家标准申报等合作方向，共同推进增材制造技术进步与石油行业应用。

（四）专注行业发展"引领者"，业内交流迈向新水平

树立全球视野，推动与国内外同行的深度合作、产业协同，增强国内测井

市场内生动力和可靠性，提升国际测井市场质量、规模和水平，共同实现质的有效提升和量的合理增长。

国内同行企业方面，加强与中国石化、中国海油等企业高层的交流，深化战略合作，共同探索服务保障油气勘探开发的新技术、新方法。在首届测井合作研讨会上，联合中石化经纬、中海油服签署三方合作协议，促进测井技术装备协同发展，共同引导维护建设行业新秩序，共享研发维保等基础条件资源，推动中国测井行业整体高质量发展。

国际同行企业方面，坚持开放、包容心态，尊重国际惯例、尊重知识产权，持续对标学习国际同行最新技术、先进工艺、优秀管理经验，推动竞合共赢步入更深层次，加快跨越赶超速度，奋力跻身世界一流行列。与斯伦贝谢公司合作机制不断走深、走宽、走实，在良好互信基础上，斯伦贝谢公司大力支持和积极配合 CPLog 生态圈建设，通过商务、技术等多个层面实现对接。与哈里伯顿积累了深厚的战略互信，近年来在电缆测井仪器、射孔器材、过钻具仪器等方面开展了深入合作，双方签署《RDxT 地层测试器联合制造技术许可协议》，首套 RDxT 联合制造地层测试器于 2024 年 8 月成功下线，交付中油测井哈萨克斯坦市场进行测试作业服务。借鉴贝克休斯在旋转导向系统、仪器租赁等业务拓展，以及采购、质量提升等方面的优势和经验，不断扩大市场领域、健全业务链条，促进新业务的规模发展。

（五）争当产业转型"排头兵"，对标先进注入新动能

积极与行业标杆、龙头企业开展交流，吸收融合前沿技术和先进经验，促进务实合作、融通发展，为加快数智转型升级聚势赋能。与华为公司紧密协作，促进公司的数字化转型和智能化发展，结合华为先进管理理念和服务案例经验，优化公司现有流程标准，更科学、精准推动双方合作迈向更高层次、更宽领域。与三一重工前期合作顺利、初见成效，后续将进一步推动优势技术融合，在技

术装备研发上形成合力,共同提升企业竞争力和管理水平。与海默科技签署战略合作框架协议,就深化测井装备研发制造合作达成一致,共同开拓国内外测井技术服务市场,延伸测井装备产业链,打造CPLog石油测井装备品牌。

"道之所在,虽千万人吾往矣"[①]。在战略管理的深化实践中,中油测井始终保持为党为国为人民的政治本色,坚决做党和国家最可信赖的能源保供先锋,以"慧眼"审视过去、当下和未来,通过深度的形势分析、科学的谋划布局、高效的组织实施、及时的评估调整、不懈的改革创新以及和谐的生态构建,全面落实国家能源安全新战略,主动融入强国建设,加快实现从服务保障为主向自立自强的战略支持转变。在"逐梦"路上,企业综合实力不断壮大,形成十大技术系列,年作业能力达到万口井次,产值年均增速超过10%(见图6-7),在测井行业充分体现科技创新、产业控制、安全支撑作用,为中国石油高质量发展、保障国家能源安全、促进经济社会发展做出测井贡献。

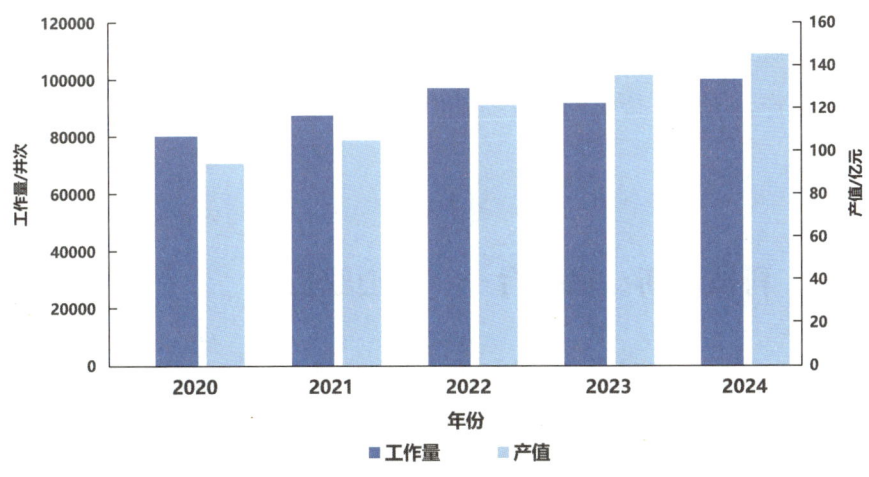

图6-7 2020—2024年中油测井工作量、产值情况

---

① 杨伯峻.孟子译注[M].北京:中华书局,2019年2月.

第七章 "惟实励新"的业务管理

中油测井以习近平总书记关于强国建设、数字中国建设、生态文明建设等重要要求为指导，对接国家科教兴国战略、人才强国战略、创新驱动发展战略，坚持"四个面向"[①]，深化科技体制改革，落实中国石油党组"要始终坚持技术立企，持续提升测井各领域的技术自主化水平""打造更多探测利器，擦亮发现油气的'眼睛'，练就'火眼金睛'"、中油技服党委有关测井专业化发展等要求，紧紧围绕研发、制造、服务、应用"四位一体"业务格局（见图7-1），凭借洞察测井行业发展的"慧眼"，全力构建综合一体化产业结构，围绕国家战略增强核心功能，围绕价值创造提升核心竞争力，不断打磨科技硬实力，铸造先进技术装备产品，优质安全高效服务油气勘探开发和增储上产，全力支持中国石油提升保障国家能源安全能力、当好能源保供"顶梁柱"。

一、科技创新：道技合一、以道驭技

中油测井深刻把握科技领域和油气行业的新趋势，积极参与中国石油"五位一体"国家战略科技力量[②]、能源与化工创新高地建设，遵循测井科技创新

[①] 四个面向：面向世界科技前沿、面向经济主战场、面向国家重大需求、面向人民生命健康。
[②] "五位一体"国家战略科技力量：建设原创技术策源地、现代产业链链长、国家级研发中心、重大科技专项、世界一流研究院和创新型企业。

的基本规律,坚定走自力更生、自主创新、自立自强的科技发展之路,秉持"科研就是为了应用"理念,加强科技投入,创新研发模式,汇聚原创思维力量,健全科技创新体系,取得一批标志性创新成果,以高质量科技供给驱动企业高质量发展(见图7-2)。

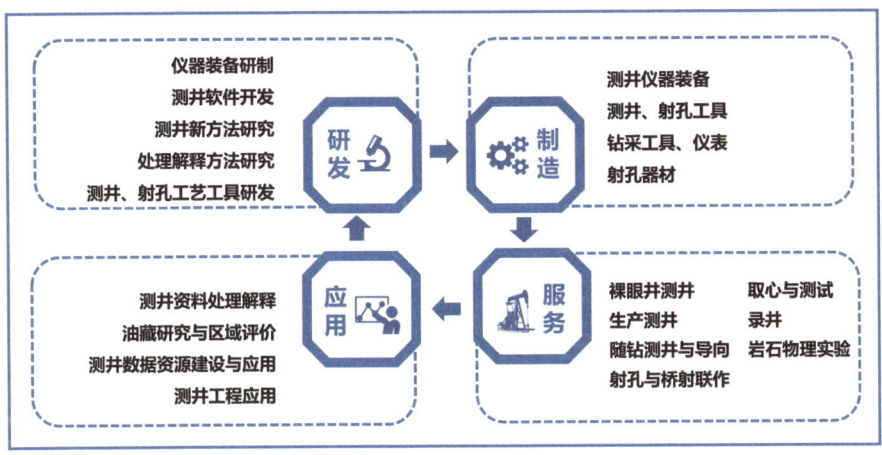

图7-1 中油测井"四位一体"业务格局

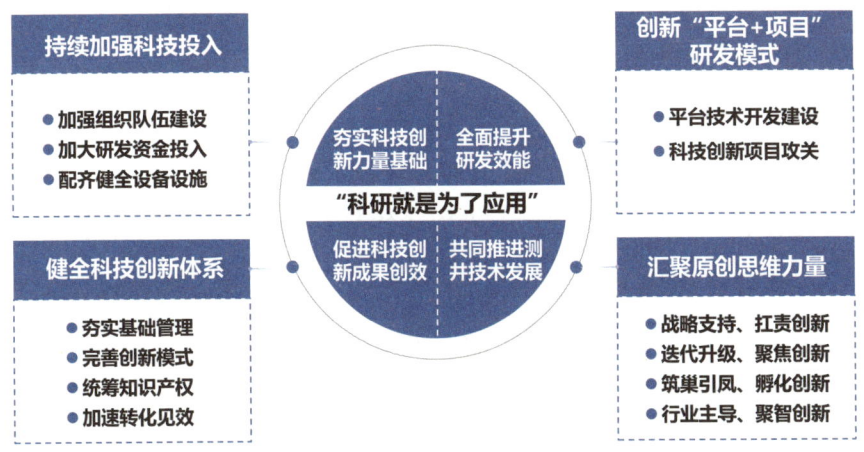

图7-2 中油测井科技创新示意图

（一）持续加强科技投入，夯实科技创新力量基础

深化科技制度改革，优化资源配置，持续加强组织队伍建设、研发资金、设备设施配备等方面投入。加强组织队伍建设，全面整合测井技术研发资源，成立测井技术研究院、地质研究院、射孔技术中心，设置科学技术委员会与专家委员会，揭牌成立测井院士工作站、博士后科研工作站，组建11个科技创新团队，组建起科学合理、运转高效的科技创新队伍。加大研发投入强度，对照世界一流企业标准，"十四五"期间年研发投入强度保持在5%左右，承担国家专项、中国石油重大科技攻关任务，部署实施中油测井新一轮科技创新"1162"工程①。配备健全设备设施，配齐大型科研设备300余套，建成高温高压试验系统、刻度井群、标准井等设施。中油测井成为国家、行业测井专业标准化委员会依托单位，中国石油测井技术创新主体单位和测井重点实验室、测井技术试验基地依托单位，并通过国家资质认证。

（二）创新"平台+项目"研发模式，全面提升研发效能

实施"市场需求+核心技术"双轮驱动，不断优化研发资源与项目配置，打造"平台"与"项目"两个互为支撑的科研体系，创新形成"平台+项目"研发模式（见图7-3），开展平台支撑下的测井核心技术持续迭代发展与项目支撑下的产品快速研发应用，实现基础应用技术研究与测井装备软件开发的同步高质量发展。结合中国石油新一代科技管理系统，开发科技综合管理系统，实现各层级项目及平台技术数字化运行管理，并与大数据平台实现数据互通，对"平台+项目"研发模式实现有效支撑。

---

① 新一轮科技创新"1162"工程：1个基础性前瞻性技术研发，1个关键核心、共性平台技术研发，6个产品研发、产品推广、迭代，2个解释评价方法应用。

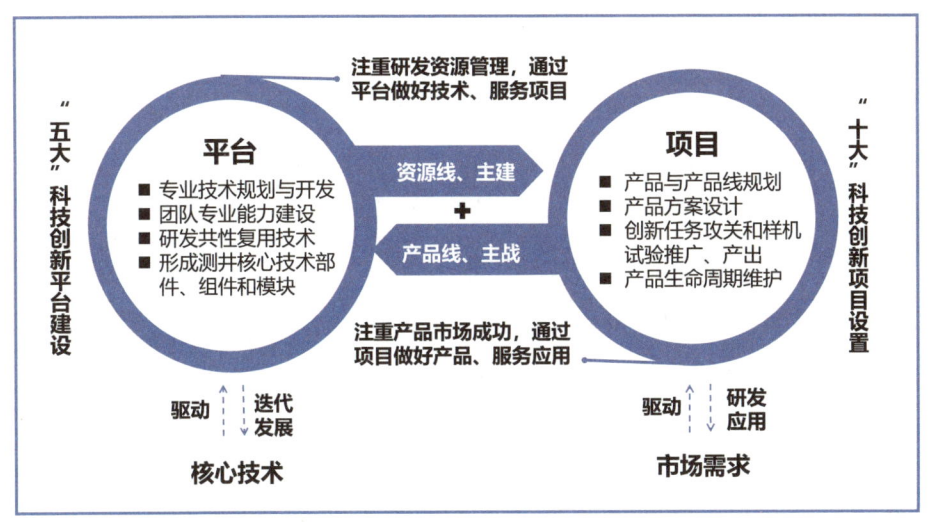

图 7-3　中油测井"平台+项目"研发模式

平台技术开发建设。以技术研发平台和技术共享货架建设为抓手，大力推进"五大"科技创新平台建设，全面梳理研发共性复用技术，建成涵盖基础理论—技术研发—产品标准化，包含仪器性能模拟与设计平台、数值模拟仿真平台、岩石物理实验室、国内唯一的射孔技术研究实验室、测井技术试验基地等在内的12个二级平台、拥有159项平台成果的完整平台技术体系。

科技创新项目攻关。根据高效勘探和效益开发对先进测井技术装备的需要，遵循"需求主导、战略驱动、顶层设计、产品导向、知识积累"的原则，明确涵盖国内外装备、软件、解释评价等测井科技创新方向，设立涵盖所有主营业务技术创新内容的测井"十大科技创新项目"（见表7-1），集中力量重点攻关，形成项目顶层管理模式，打造测井"利器"和"精品"。

表 7-1 中油测井 2022—2024 年"十大科技创新项目"

序号	科技创新项目	主要内容	生产支撑作用
1	测井技术标准研究与公共技术平台开发	技术标准、制造技术与工艺、公共技术、采集传输系统	地面系统升级和作业模式变革
2	全域测井装备研制与配套	多维成像、宽频介电、油基泥浆微扫、地层测试器等	复杂、非常规油气精细评价的利器
3	测井大数据平台研发	数据应用标准、大数据平台、CIFLog 软件、业务数字化	测井数字化转型和大数据智能应用
4	快速测井装备研制与配套	高性能"一串测"、高温高压小直径、过钻具存储	完井安全高效作业的精品
5	随钻智能地质测导装备研制与配套	测导平台、智能导向、边界探测装备、地层评价系列	水平井导向和评价、提高钻遇率
6	生产测井装备研制与配套	动态监测、井筒完整性评价、套后储层评价及光纤测井	助力油田稳油控水、挖潜增效
7	射孔技术装备研制与配套	射孔机理、超深穿透/超高温超高压射孔、桥射联作	非常规油气储层改造和保障压裂
8	测井油藏与地质研究	岩石物理、核心评价技术、老油田挖潜、油藏综合评价	复杂及非常规油气综合评价
9	测井应用基础与前沿储备技术研究	应用基础研究、前沿技术探索、创新基金等	复杂储层、非常规油气的精细探测
10	海外测井技术配套研究	海外自主装备及软件应用、海外区块地质研究	提升自主装备海外份额和竞争力

（三）汇聚原创思维力量，共同推进测井技术发展

坚持开放发展，在构建测井创新生态的同时，发挥测井行业国家队主导作用，强化科技创新主体地位，汇聚各方力量打造测井原创技术策源地，推动测井行业技术快速发展。

战略支持、扛责创新。主动融入国家战略科技力量体系，以关键共性技术、前沿引领技术、现代工程技术、颠覆性创新技术为突破口，充分发挥一体化专业优势，全力打好关键核心技术攻坚战，使原创性、颠覆性科技创新成果

竞相涌现。先后承担完成国家油气重大专项、国家863计划、国家重点研发计划项目（课题）以及中国石油基础性前瞻性重大项目科研攻关任务，突破万米超深井、深层煤岩气测井关键核心技术装备。

迭代升级、聚焦创新。着眼装备制造高端化、智能化、绿色化发展，推动测井技术装备迭代升级，打造让油气藏更加"透明"的探测利器。加强自主研发，围绕测井数智转型，聚焦"低功耗、小型化、高集成、高可靠、模块化、智能化"，研制新一代CPLog成套装备；聚焦"快速、精细、智能及大数据"，研发新一代CIFLog大数据软件平台。加强合作开发，利用新一代CPLog成像测井装备联盟，采取技术交易、仪器挂接、市场合作等方式，加强与世界一流企业合作，加速技术装备迭代升级。

筑巢引凤、孵化创新。搭建创新平台，以高标准科研能力建设为目标，建好用好测井首个测井院士工作站、博士后科研工作站、测井声学技术中心，汇聚各方力量，激发"外脑"动能，充分发挥科技创新引领、纽带沟通交流、技术难题咨询和"高精尖缺"人才培养锻炼平台作用，加强基础学科研究、应用技术开发、创新开发合作。院士工作站技术成果获石油化学工业联合会科技进步一等奖、陕西省石油学会科学技术进步一等奖等省部级、局级奖4项、授权发明专利11件、软件著作权3项，出版专著1部，发表SCI/EI等文章12篇。

行业主导、聚智创新。中油测井作为中国石油学会测井专业委员会主办单位、《测井技术》期刊主办单位、国家自然科学基金依托单位、首批国家能源研发创新平台，牵头组织举办国际测井技术交流会、测井年会、测井科技创新大会、高端论坛、新产品发布会、全国石油经济学术年会，承办数字岩石物理技术发展与应用研讨会等大型科技交流与学术研讨会议，深度构建"产学研用"一体化创新模式，签订战略协议，共建创新联合体，面向社会设立10项测井创新基金项目，以开放汇聚创新之势，促进各方合作交流，提升研发效率，解决"卡点"技术难题，推进测井科技进步和行业发展。

（四）健全科技创新体系，促进科技创新成果创效

夯实基础管理。完善制度建设，构建"揭榜挂帅"项目长选聘机制、"周总结、月汇报、季检查"工作机制、院士工作站运行机制、科技岗位分红激励机制、专业技术人员绩效考核评价机制等科技创新管理机制，实现从项目立项、过程管理、档案管理、知识产权、成果转化到奖励激励的全链条管理，保障科技创新工作的有序、高效开展。

完善创新模式。提出"平台+项目""科研+专班"研发推广模式，按照"大项目"管理原则，做实平台，做优项目和专班，将各级项目统一纳入"十大科技创新项目"。推行完全项目制管理，选聘重大科技攻关项目经理，研发平台、项目部经理、公司首席专家、公司主管领导、公司主要领导直至公司党委各司其职，有序推进项目开题、验收、产品鉴定等工作，按照"三个三分之一"原则部署考核评价，推进基础研究专业化、技术平台标准化、产品开发集成化和市场推广一体化。

统筹知识产权。实施专利导航、挖掘与布局，进行专利自由实施分析，制定科技成果与知识产权管理规范。建立知识产权申报、交易、ABC 专利分级评定机制，以及项目全生命周期知识产权管理机制，实现"全过程管理、全过程考核、全过程激励"的长效管理。加强创新成果保护力度，制定专利许可清单，强化侵权打击，保障公司权益。开展专利撰写和维权培训，5 人获得国家知识产权局代理师资格。

加速转化见效。统筹科技奖励与成果转化创效激励政策，建立中油测井自主研发技术评估认可机制与成果发布平台，突出结果导向、应用导向、时效导向和精准考核，提炼总结可复制可推广的成果转化做法，在样机研发、产品制造、规模应用、持续提升等四个阶段精准施策，促进科研成果高效转化。

"十四五"以来，以 CPLog 成套装备研制和 CIFLog 软件平台开发为重点，

分别形成十大技术系列，智能测导、高温快测、FITS过钻具、统一软件等成果被认定为国际先进。超高温高灵敏度声波测井换能器实现进口替代，高性能中子管、耐高温测井芯片等"卡脖子"技术取得关键突破。每年一项成果入选年度中国石油十大科技进展，13项新产品被鉴定为中国石油自主创新重要产品，面向社会发布新产品10项，累计获省部级科技进步奖30项，授权专利277件、软件著作权148项（见表7-2、表7-3）。

表 7-2　2020—2024 年中油测井获重要科技奖励统计表

序号	项目名称	获奖等级	奖项名称	颁奖单位/年份	备注
1	鄂尔多斯盆地源内非常规庆城大油田勘探突破与规模开发	特等奖	科技进步奖	2020年度中国石油天然气集团有限公司	参与完成
2	库车坳陷油气地质认识创新与重大勘探领域突破	特等奖	科技进步奖	2023年度中国石油天然气集团有限公司	参与完成
3	智能导向钻井系统（CNPC-IDS）	特等奖	科技进步奖	2020年度中国石油集团油田技术服务有限公司	牵头完成
4	深层高过成熟油气富集规律、关键技术创新与应用	一等奖	科技进步奖	2020年度中国石油天然气集团有限公司	参与完成
5	EILog快速与成像测井系统研制及工业化应用	一等奖	科学技术奖	2020年度中国石油和化学工业联合会	牵头完成
6	复杂断块特高含水期油田均衡驱替效益稳产关键技术	一等奖	科技进步奖	2019—2020年度中国石油和化工自动化行业协会	参与完成
7	超远探测反射横波测井理论技术突破与装备工业化	一等奖	科学技术奖	2020年度中国地球物理学会	参与完成
8	我国东部断陷盆地老区新领域勘探理论技术创新与十亿吨增储	一等奖	科技进步奖	2020年度天津市	参与完成

续表

序号	项目名称	获奖等级	奖项名称	颁奖单位/年份	备注
9	蒙西新区石油勘探理论技术与河套盆地重大突破	一等奖	科技进步奖	2021年度中国石油天然气集团有限公司	参与完成
10	川南页岩气新一代压裂技术及应用	一等奖	科技进步奖	2022年度中国石油天然气集团有限公司	参与完成
11	深层裂缝性砂岩储层测井关键技术研究及应用	一等奖	科技进步奖	2022年度中国石油和化学工业联合会	参与完成
12	岩石广域电频散理论研究及应用	一等奖	基础研究类	2022年绿色矿山科学技术奖（中关村绿色矿山产业联盟）	牵头完成
13	桥射联作技术2.0及工业化应用	一等奖	科技进步奖	2022年度中国石油集团油田技术服务有限公司	牵头完成
14	准噶尔盆地深凹区不整合控制大型致密砾岩油藏地质规律及战略发现	一等奖	科技进步奖	2023年度中国石油天然气集团有限公司	参与完成
15	低饱和度油层测井评价技术体系及工业化应用	一等奖	科技进步奖	2023年度中国石油天然气集团有限公司	参与完成
16	FITS-57过钻杆测井系统研制与应用	一等奖	科技进步奖	2023年度中国石油集团油田技术服务有限公司	牵头完成
17	高精度成像测井处理技术研发与应用	一等奖	技术发明奖	2023年度中国石油集团油田技术服务有限公司	牵头完成
18	西非走滑构造体系油气勘探关键理论技术与重大突破	一等奖	科技进步奖	2024年度中国石油和化学工业联合会	参与完成

表 7-3 中油测井入选中国石油十大科技进展项目

序号	年份	项目名称	项目简介	备注
1	2020年	三维感应成像测井仪研发成功实现各向异性储层评价突破	项目经过多年攻关，国内首次成功研制形成了三维感应成像测井仪器与配套处理技术，可同时探测地层水平电阻率、垂向电阻率以及倾角、方位角等信息，实现感应测井技术从二维到三维、从均质测量到各向异性地层测量的跨越，提高了复杂储层油气准确识别和饱和度定量评价能力	独立完成
2	2021年	低饱和度油气层测井评价技术创新突破增储上产效果显著	项目针对低饱和度油气层"四性关系"复杂，识别难度大，解释符合率低，国内外尚没有相应的评价方法、技术与标准，创新了测井处理方法与解释标准，关键技术取得突出性进展，形成了评价技术体系	参与完成
3	2022年	新一代桥射联作技术取得突破并规模应用	项目针对传统桥射联作以经验施工为主、自动化程度低、作业风险大、井下泵送复杂、射孔后改造不均衡等世界难题，自主攻关新一代桥射联作技术，达到国际领先水平	独立完成
4	2023年	水平井过钻具成像测井装备与处理软件实现国产化替代	项目针对传统电缆测井仪器入井难、时效低，存储测井项目不全、评价难，高端装备和解释软件主要依赖进口，自主研发了多模式过钻具成像测井装备及解释软件，实现了国产化替代	独立完成
5	2024年	深地钻探关键技术取得重大进展钻深突破万米	项目针对万米特深井超高温、超高压、压力系统复杂等难题，研制出"1.2万米自动化钻机、抗高温井筒工作液、抗高温水泥浆体系"等核心技术装备，集成万米钻探工艺，支撑深地塔科1井实现最快突破全球陆上万米大关	参与完成
6		首套移动式井场岩样"核磁-激光-CT"一体化集成测量装备研发成功	项目针对井场第一时间对岩心近原位高保真测量，克服油气散失、应力及结构改变带来的误差，精确确定储层物性、含油气性的关键。成功研制出国际首套井场岩样"核磁-激光-CT"一体化集成测量装备，实现重大突破	参与完成

二、装备制造：如切如磋、如琢如磨

中油测井大力弘扬践行工匠精神、劳模精神，从追赶到引领、从制造到"智"造，不断提升装备制造能力水平，打造油气探测利器，挺起支持能源保供的"硬脊梁"。

（一）精准实施七项举措，提升装备制造整体水平

围绕"十四五"末建成测井智能工厂，打造高质量、高水平 CPLog 测井成套装备，制造产值翻两番的总体目标及各年度目标，采取发展先进制造技术、优化产能建设、注重品牌建设、做好成本管控、强化供应链管理、谋划服务转型、抓好人才培养等 7 项举措，致力"建好工厂，造好装备"。西安制造工厂获评陕西省石油测井智能工厂，四川射孔器材有限责任公司被认定为四川省专精特新中小企业。

（二）搭建智能化生产线，全链升级装备制造效能

积极响应国家制造业数字化转型号召，大力推进智能制造，以智能制造引领业务转型，深度融合自动化、3D 打印及信息化等先进技术于制造单元，全链升级制造效能。建成测井装备、射孔枪和射孔弹自动化加工线，国内首条 RDxT 地层测试器生产线，自动化焊接线，支持装备升级换装，取得国内行业多个"首次"和"第一"。关键件自动化加工率达 60.7%，仪器零件加工效率提升近 3 倍，射孔枪加工效率提高 2 倍，射孔弹生产效率提高 30%，成像探头形成自动装配能力、同比提效 2.5 倍。优化生产方式和产品结构，年机加工能力达 47.4 万工时，产能覆盖测井成套装备 100 套 / 年、射孔弹 180 万发 / 年、射孔枪 50 万米 / 年，跨越超微细至超大尺寸、小型精密至重型复杂结构制造，

具备业内少有的随钻仪器自动化焊接、整装调校能力，制造业务产能、质量、产值持续提升。

（三）持续迭代升级换装，锻造更强"国之重器"

坚持世界眼光，紧盯油田需求，加速关键核心制造技术迭代，按照"更新补充三分之一、维修升级三分之一、淘汰报废三分之一"的整体设计，实施国内外现场测井装备升级换装，装备自主化率超90%，极大减少了装备外购引进资金。经过多年不懈努力，打造出以CPLog系列、"先锋"射孔产品为代表的测井装备系列、工艺工具系列产品体系和桥塞射孔联作产品等拳头产品，形成阵容强大的产品谱系（见图7-4），随钻测量、随钻测井以及旋转导向等类型仪器技术水平已经接近或达到国际油服公司水平。

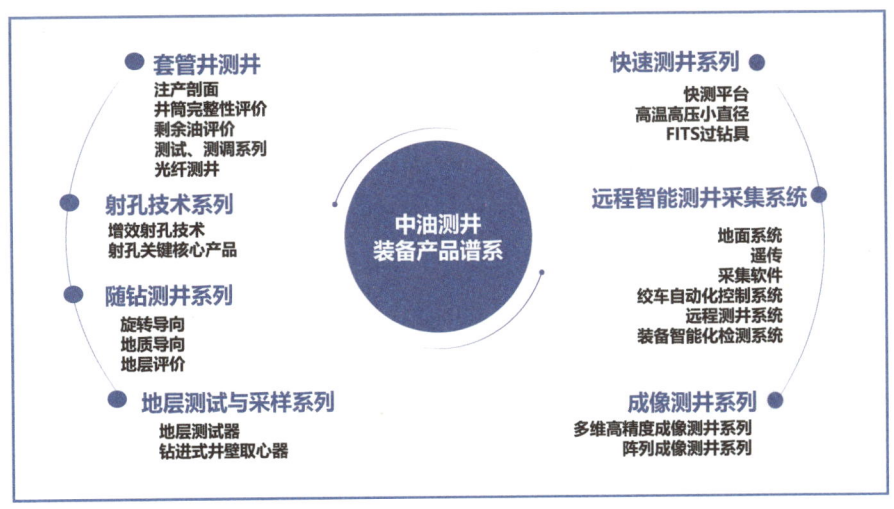

图7-4　中油测井产品谱系

CPLog测井成套装备。成功研制出具有自主知识产权的CPLog测井成套装备并实现系列化发展，结束了我国先进测井装备长期依赖进口的历史。作为中油测井的标志性大型成套装备，广泛应用于裸眼井测井、生产井测井、随钻测井及地热开发等领域,成为中国石油高端主力测井装备,荣获中国石油十大科技创新成果并亮相国家"十三五"科技成就展。迄今已推广 400 余套、下井仪器 2.2 万支,节省引进资金 40 多亿元,出口至加拿大等国家。

"先锋"系列射孔产品。历经跟跑、并跑至领跑,从手工加工到半自动生产,再到全自动化智能化改造,建成国内领先的粉末冶金药型罩与射孔弹全自动化生产线,推出"先锋"系列拳头产品,涵盖 14 个大系列、130 余种规格型号射孔器产品。其中,先锋超深穿透射孔器全面覆盖 40 型—178 型,89、102 及 127 型射孔器分别以 1732 毫米、2012 毫米、2662 毫米的平均穿孔深度获美国石油协会认证,创全球同类穿深新高。累计在国内外各大油田销售 600 余万发,成为油气开发增储上产的利器。

(四)实施精益生产管理,促进全生命周期管理

推广以产品全生命周期管理为主线的服务型制造模式,制造业务实现技术升级、返厂维修、刻度实验、技术定制、配件供应等一揽子"保姆式"服务,向服务型制造转型加速迈进。

精益化管理实现提质增效发展。加强制造流程标准化建设,按照工序设置标准化生产线、标准化制造文件、目视化制造工具;加强检验检测能力建设,建立智能质检应用平台,实现对电路板焊接、芯片配装、工艺布线等质量自动化检测;加强产品检测,建立规范完整的仪器制造与检测记录单,确保产品一次交检合格率 100%,装备制造单位消除浪费、6S 管理、准时化生产和精益化管理水平大幅提升。

数字赋能产品全生命周期管理。建成中国石油首套测井装备全生命周期管理系统,与 ERP、自动化产线等系统集成,在广汉、西安、重庆数智化库房及数智化仪修工房陆续落地,实现从设计、工艺、制造、仓储到运维全过程数字化线上流转及可视化集约管理,设备交接、运行、维保等环节智能联动、状

态信息自动流转，效能管理等指标实时抓取。

创新维保方式提升维保服务水平。持续优化整合产品，统一备件标准，构建靠前维保中心与三级维保体系，实现端到端技术保障。建设国内东部、西部、中部、西南四大区域中心和专项维保中心、随钻支持中心、旋导维保中心，30个维保点集中管理国内近2.4万支各类井下仪器，构建井场快速保养、基地全面维保、工厂故障大修的高效维保网络，维保成本与周期显著下降，高端稀缺仪器集中维保效率与服务满意度持续攀升。

三、技术服务：知己知彼、善战应势

"善战者因其势而利导之"[①]。中油测井遵循"优术""利器"理念，坚持从客户角度出发，围绕油气藏特征与勘探开发需求，构建高效服务保障体系，变革生产组织方式，创新海外服务模式，促进区域资源共享与国内外协同发展，以优质高效的技术服务，满足油田日益增长的测井需求。

（一）构建服务保障体系，助力油气提质增效发展

构建高效保障体系。围绕"六油三气"等国内重点领域及海外五大合作区，在国内15个省、自治区、直辖市部署13家技术服务公司77个项目部，在海外20个国家设置5个大区14个作业区，成立国际业务8个支持保障组和非洲、中东、中亚3个市场专班，统筹部署队伍962支，设立东部、中部、西部、南部及海外5个联保区域，形成国内2小时生产高效保障圈、国外技术服务就近保障体系。完善技术服务体系。系统梳理、提炼全业务链技术系列，构建起包含裸眼井测井、测试及取心、录井、智能测导、射孔、生产测

---

① 司马迁. 史记（陈曦等译注版）[M]. 北京：中华书局，2022年9月.

井、光纤监测、岩石物理实验、解释评价、数据库与软件等"十大测井技术服务"系列、163项技术的全生命周期测井服务技术体系,编制《中油测井技术服务手册》。国内外一体化运作。建立国际物流中心、地区资源共享中心,搭建全球共享平台,实现资源、设备全球共享。坚持国内国际一体化运作,建设测井远程技术支持、远程安全监督、远程解释、远程培训"四合一"中心,提供24小时在线支持。"十四五"以来,累计安全作业37.7万井次,创下标志性作业纪录275项,为中国石油油气业务"三个1亿吨"格局贡献测井力量。

(二)变革生产组织方式,提升队伍生产作业效能

推行经营型项目部改革。针对项目运行管理中资源配置僵化、精准激励不足等问题,以提升服务保障与创效能力为目标,对标斯伦贝谢等国际先进企业,一体推进"阿米巴"模式和经营型项目部改革,逐步实现项目部独立核算、自主经营、自负盈亏,形成一批组织强健、管理科学、资源高效利用的经营型项目部。"以井为中心"高效组织生产。为破解传统生产模式人员设备固化、效率低、一线结构性缺员等难题,加大生产组织协调力度,变革作业方式,转变过去以"队"为出发点和落脚点的管理方式,以"井"为中心再造生产流程,建立"队长选人"机制、"人机分离""灵活组队"组织模式及"机场后勤"生产保障模式,队均作业效率大幅提升。打造EISC系统、推广远程测井。打造测井生产智能支持系统EISC,将经营型项目部管理的人员、设备、物资、作业全流程信息纳入系统,实时显示成本、效率、效益信息,实现作业信息自动流转和生产组织活动的在线管理。累计安装车载数据中心753套,建成6个远程测井中心,CIFLog-LEAD软件规模应用3.4万井次,智能解释在5家单位试点。

（三）积极服务国家战略，保障集团重点工程施工

服务国家找矿战略和深地深海战略。充分发挥专业化一体化优势，主动融入国家重大战略，深度参与油气勘探开发七年行动计划、新一轮找矿突破战略行动、"一带一路"能源合作、深海深地探测等国家重大部署，为保障国家能源安全做出测井新贡献。应用 CPLog 自主研制装备完成深地塔科 1 井测井作业，首次取得万米测井数据等地质资料，创造全球电缆成像测井最深纪录，刷新世界陆上最深直井测井纪录[1]。

做好集团重点井（项目）保障。推进测井地质工程一体化，实施"补链、延链、强链"工程，保障中国石油"六油三气"重点勘探领域、老油气田稳产，中国石油重大油气发现参与率 100%。建立重点井动态跟踪机制，实施"一井一策""一趟一策""一段一策"，分级管理深井、超深井；成立工作专班，实施一体化统筹、专业化支持、融入式服务，全力保障万米深井等重点井打成打好，助力页岩油气、煤岩气等重点区域效益开发。

（四）完善海外服务模式，提升海外业务保障能力

完善海外测井业务服务模式。依托积累的良好基础和多元优势，先后进入全球 28 个国家进行测井服务，既有 CNODC 等中国石油内部市场，也开拓了外部市场，特别是在一些重点目标市场打破西方垄断、取得高端突破，成功打造了 7 个亿元作业区，服务能力和市场规模稳步提升，同时在服务贸易、装备销售等方面实现快速突破。积极应对海外多起重大事件，保障生产运行安全有序，所属国际公司实现全级次子公司盈利。

提升国际业务支持保障能力。构建一套以 GRC、SOP、TnPM、17 级晋级为代表的管理体系，成立 8 个国际业务支持保障组、CPLog 海外推广专班、海

---

[1] 10910 米！中国首口超万米科探井完钻[N]. 光明日报，2025 年 02 月 21 日 08 版.

外基础建设项目专班,设置海外测井技术配套研究项目一体协同保障国际业务发展,全球物流保障体系、海外物资管理信息系统、EISC智能支持中心、海外数字岩心库等均实现了全面运行,积累形成了一支国际化人才团队和丰富的商务运作经验,国际国内一体化运行优势逐步显现。

四、评价应用:致知穷理、见微知著

中油测井树牢"成就甲方才能成就自己"理念,大力实施"3413"解释评价工程(见图7-5),形成面向井筒、面向油气藏、面向全生命周期的地质工程一体化服务模式,助力国内16家油气田、海外五大合作区油气发现和增储上产。

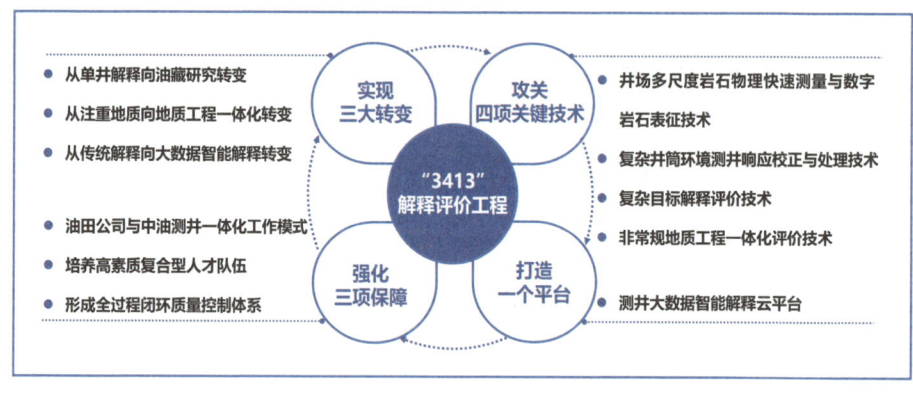

图7-5 中油测井"3413"解释评价工程

(一)推动服务能力升级

形成融入式工作模式。与12个油气田共建测井联合研究中心,以项目研究为纽带,共建测井技术评价中心、研发中心、人才交流与培训中心,开展联合测井技术攻关和生产支持。建成重点井专家支持系统和专家远程支持中心,成立长庆、西南、新疆和大庆水平井工作专班，采用"靠前＋集中"和"专家轮值＋远程会诊"工作模式，开展驻点服务、加强前后方协同，深度参与油田地质、工程方案设计和重点井解释评价，一体化融合式保障油气生产需求。

形成一体化评价技术系列。"双高"岩石物理实验技术体系，自研高温高压多参数测量系统、配备聚焦离子束扫描电镜等高精度仪器，形成"井场高保真快测＋室内高精度联测"岩石物理实验技术系列，非常规和高温高压测试能力显著提升。"两多"复杂储层评价技术体系，聚焦深层超深层、碳酸盐岩、非常规油气等重点领域，深化测井成像资料应用，多学科结合评价复杂储层，形成"多尺度储集空间刻画＋多维度流体性质识别"复杂储层评价技术体系。"五个一体化"全周期服务体系，针对页岩油气、煤岩气、老油田"压舱石"工程、CCUS、储气库等技术需求，强化面向油气藏全生命周期的测井综合研究，形成测井地质工程一体化服务方案。

推动实现三大转变。从单井解释向油藏综合评价转变，形成以剩余油评价为核心的油藏综合治理技术体系，带动市场产值提升。从单项技术到一体化方案转变，形成"方案设计＋集中采集＋综合评价＋现场应用"一体化工作方案，助力川渝、陇东等页岩油气储层钻遇率提高，全面参与新疆呼图壁、长庆靖边等储气库建设。从传统解释向智能解释转变，发布iRock测井智能应用系统，实现测井解释技术和流程的智能化突破。

（二）加强数据资料应用

建成中国石油统一测井数据库。截至2024年末，整合解释评价与岩石物理资源，建立解释知识库、测井资料库、数字岩心库和油气评价库，建成与勘探开发梦想云等系统互联互通的中国石油统一测井数据库及大数据平台，入库治理、集中管理近60万口井历史数据，其中含国内80年来16个油气田超57万口井、海外5个大洲37个国家2.6万口井，共计120万井次的测井成果资料。

打造解释评价软件系统。建成以中国石油统一测井数据库为基础，以 CIFLog-LEAD 测井软件平台为主体，以风险（重点）探井专家支持系统和老油田评价挖潜一体化应用系统为支撑的测井解释评价软件系统，具备裸眼井、套管井和智能处理解释功能，实现专家远程支持会诊、多专业数据共享、多学科综合应用，累计换装 1000 余套，实现中油测井内部 100% 全覆盖，处理量突破百万井次，助力解释评价质效提升。

（三）夯实解释基础工作

建设高素质解释评价人才队伍。健全快速解释、精细评价与综合研究人才流动机制、"一专多能"复合型人才培养机制，引进海外、行业高端人才，打造高素质复合型人才，形成由首席专家、油藏评价专家、五级工程师体系组成的解释专家技术队伍，在重点领域、重点井、重大科技项目中发挥支撑把关作用。

强化质量管控提升测井解释符合率。细化质量管控流程、标准，建立"三率四制一会"保障机制，把好"入口关、过程关、结果关、分析关"，加强"资料验收、处理解释、成果审核、资料入库、试油气讨论、试油后再认识"等关键环节质量管理，强化全员质量意识和专家把关，常态化开展质量检查"回头看"，全面保障解释评价成果质量。

（四）助力油气勘探开发

"十四五"期间，探井、开发井解释符合率分别保持在 88%、97% 以上，支撑中国石油 166 口重点井获油气重大发现，作为主要完成单位获中国石油油气勘探重大发现奖 23 项。复查老井 12.1 万井次、助力零进尺当年新增油气产量当量超 165 万吨。海外助力伊拉克、乍得、巴西等合作区域一批油气勘探重大发现。

五、风险管理：未雨绸缪、防微杜渐

东汉思想家荀悦在《申鉴·杂言》中讲道："进忠有三术：一曰防；二曰救；三曰戒。先其未然谓之防，发而止之谓之救，行而责之谓之戒。防为上，救次之，戒为下。"中油测井全面贯彻总体国家安全观，以平安企业、绿色企业、健康企业、法治企业创建为抓手，因势利导、趋利避害，着力防范化解各类风险，推动高质量发展与高水平安全齐头并进。

（一）质量管理

深入践行"质量至上"理念，以研发、制造、采购、维保、服务、应用全过程质量管控为重点，以计量和标准化为抓手，不断完善质量管理机制，实施全面质量管理，扎实开展质量强企行动，持续提升产品和服务质量水平。

健全质量管理体系。发布国内外一体化 QHSE 管理体系手册及基层运行指导手册，健全完善全业务、全流程质量一体化管理机制和面向用户的联合市场服务机制，实施"一圈两源四过程双改进"[①]的供应链质量管理模式，建立对内"零容忍"清单和对外"黑名单"条款，推进下道工序到上道工序考核落实，实现全员、全过程、全方位质量管理。开展卓越绩效模式导入暨争创陕西质量奖活动，系统对标评价标准，提升质量管理能力和水平。

强化过程质量管理。建立全业务领域检验检测设备设施布局方案，开展可靠性诊断评价，编制评价报告和建设方案并对标实施，夯实研发可靠性设计基础。修订完善必检物资目录，加强外购件、外协件、关键元器件入厂检验，提升物资采购质量。构建班组现场维保、区域集中维保和公司专项维保模式，建成四个集中维保组，提升特殊仪器维保效率。修订原始资料采集质量管理制

---

① 一圈两源四过程双改进：合作生态圈质量管理，设计源头、物料源头质量控制，制造过程、采集过程、维保过程、解释评价质量控制，管理、技术改进。

度，优化施工方案，高效保障重点井作业。

深化全面质量管理。深化质量管理工具方法应用，改进 SPC、MSA、FMEA、APQP、PPAP"五大工具"和层别法、检查表、柏拉图、因果图、管制图、散布图、直方图"七大手法"。持续开展群众性活动及"五小"创新[①]，2023 年度 1 个班组获全国"质量信得过班组"称号，23 个班组获省部级"质量信得过班组"称号，34 项 QC 成果获省部级奖励。

加强计量和标准保障。获批全国石油专用计量测试技术委员会测井分委会，依托全国石油天然气测井分标委、石油工业测井专标委、中国石油测井分标委，牵头和参与制修订国际标准 4 项、GB 类等国家标准 10 项、行业标准 97 项、中国石油企业标准 23 项，现行中油测井企业标准 360 项。推进国家石油测井产业计量测试中心、荔参 1 井测井试验基地、长庆片区随钻区域刻度中心建设，提升计量服务保障能力，增强行业影响。

（二）安全管理

积极践行"一切事故都是可以避免的""防范胜于救灾"理念，牢固树立"杜绝生产安全亡人事故"理念，落实安全生产"三管三必须"[②]"四全"[③]"四查"[④]管理要求，坚持国内国外一体化，以体系运行为主线，以双重预防机制建设为核心，以基层基础为出发点和着力点，全面筑牢高质量发展的安全根基。

严格重大风险防控。编制专项防控方案，对重点风险实施"红橙黄蓝"分级管控，建立风险分析研判机制，强化季节性和动态风险管控，通过生产例会、QHSE 简报等形式发布安全风险提示，有效避免并消除潜在安全风险。中

---

① "五小"创新：小发明、小创造、小革新、小设计、小建议。
② 三管三必须：管行业必须管安全、管业务必须管安全、管生产经营必须管安全。
③ 四全：全员、全过程、全方位、全天候。
④ 四查：查思想、查管理、查技术、查纪律。

油测井连续9年无一般A级及以上工业安全事故，连续8年荣获集团公司QHSE先进企业称号。

深化隐患排查治理。建立风险点隐患排查制度标准，开展常态化分级排查，关键时期、重点场所重点排查，特殊情况及时排查；建立隐患治理项目跟踪督办机制，实施隐患项目全过程管理，动态跟踪、效果评估、强化考核，实现全员、全过程、全方位、全天候隐患排查治理；开展隐患项目"回头看"检查和审计检查，及时纠正项目运行中存在的问题，提高项目运行质量和管理水平。

大力推进科技兴安。积极构建"互联网+"安全管理模式，在EISC统一架构下建立QHSE管理模块，实现作业流程信息化、风险防控精准化、运行控制智能化。大力发展安全环保新科技，应用中子管、环保型胶囊同位素、高能编码激发器、电动液压坐封桥塞工具、旋转式井壁取心、行车主动预警监控系统等新技术，提升本质安全水平，推动安全监管数字化转型、智能化发展。

加强安全教育培训。持续推进严格监管阶段本质型安全员工塑造项目，建立工程技术服务岗位人员"55533"岗位能力模型[1]，编制标准培训教材、课件和题库，制作标准化操作视频，组建内部QHSE培训师团队，增强能力标准化建设。创新"菜单式、教练式、外卖式、定制式"培训模式，找准并满足员工培训需求。开展三级正职及以上领导QHSE能力评估，了解各级领导干部履职能力情况，逐渐补齐补全能力短板。

做好国际业务社会安全管理。编制《国际业务社会安全管理体系分册》《国际业务社会安全突发事件专项应急预案》，加强社会安全信息收集和风险研

---

[1] "55533"岗位能力模型。5知：知合规要求、知理念文化、知职责义务、知工作流程、知安全常识。5会：会工具应用、会标准操作、会风险防控、会隐患排查、会应急处置。5能：能遵守纪律、能主动学习、能提升技能、能排除故障、能抵制违章。3第一：第一次把事情做对、第一时间发现问题、第一反应是正确的。3提醒：发现同事状态不佳及时提醒、发现同事不良习惯及时提醒、发现同事不知晓风险及时提醒。

判，完善人防、物防、技防设备设施和"一国一案、一项目一案"安保方案，定期开展评估和应急演练，持续提升海外社会安全管控能力。成功应对 2023 年 4 月 15 日苏丹武装冲突，2024 年 1 月 8 日厄瓜多尔全国紧急状态、2 月 28 日乍得首都军事冲突、3 月 26 日巴基斯坦自杀式炸弹袭击事件，平稳度过孟加拉国、印度尼西亚等国大选动荡期，有力保障境外人员生命和财产安全。

（三）健康管理

始终将员工健康放在优先战略位置，确立"十四五"期间健康管理工作思路，打造健康生活方式和工作环境，提升全员健康素养和健康水平。

全面深化员工健康管理。编印《测井员工健康手册》，制定测井、射孔、录井、随钻等作业队健康建设标准，全面提升一线健康设备设施配备标准。构建"单位＋个人＋机构＋家庭"四位一体健康管理模式，打造"病因预防""发病预防""患病诊疗""风险管理"疾病四环节管控体系与公司、分公司、项目部、作业队（班组）四级医疗服务体系，健全任务前健康确认机制、全员日常健康监测机制、员工健康风险评估机制、风险人员领导包保机制、重点岗位健康准入机制五项机制，强化单位履行健康管理主体责任，引导员工抓好自我健康第一责任人的责任。

提供"一站式"健康服务。搭建健康管理平台，开展全员健康评估，建立健康高危人群分级分类清单，针对性开展"1+X"常规健康体检、专项筛查体检、出国健康体检、高原健康体检、职业健康体检等体检。面向基层一线推出中医诊疗、健康巡诊等服务，持续完善大病就医流程，建立"4 分钟"黄金应急急救网。开展食堂"三减"活动，配备净水装置，员工饮用水质全部达标。强化健康小屋、自动体外除颤器、个人随身急救包配备管理，65 个健康小屋实现检测数据实时上传、即时预警。

(四）绿色发展

中油测井贯彻落实习近平生态文明思想，秉持"共生"理念，落实中国石油绿色低碳发展战略，以绿色企业创建为主线，节能减排、污染物防治为重点，采取碳达峰碳中和举措，筑牢高质量发展的绿色根基，推动实现绿色、低碳、可持续发展。

推进绿色企业创建。组织专业公司全面盘查能耗现状，依据绿色企业标准构建"碳达峰碳中和"模型，制定碳达峰路径，编制印发"十四五"碳达峰实施方案、绿色企业创建方案与任务推进表，开展碳达峰目标任务落实情况自评。积极布局新能源业务，成立新能源新业务专班，进军地热井、干热岩、矿藏资源勘查、CCUS、可燃冰等新领域。中油测井获中国石油绿色企业认证。

深入推进节能减排。精细能耗控制，实施节能诊断、能耗审计、数智化能耗管理，试点建设能耗实时在线监测分析系统。深化节能降耗技术应用，大力开展节能新技术、新工艺、新设备研究应用，实施主要用能设备节能降耗技术改造，淘汰高耗能落后工艺和技术。发展清洁能源替代，建设生产生活基地分布式光伏，开展以"电代油"为主的清洁用能替代，天然气和电能等清洁用能占比达到37.9%。

深入推进污染物防治。强化环境风险防控，全面评估环境事件风险、排查整治生态环境风险隐患，建立风险管控清单，制定突发环境事件、重污染天气应急响应预案并按要求报备，实施环境风险分级分类管控与隐患排查治理闭环管理，有效防控环境事件。强化监测管理，完善污染源档案，编制监测计划，制定危废申报与管理计划，加强环保设备维护保养，建立应用作业现场、维修制造现场、生产生活基地标准化环保管理模型，有效监测控制污染源和污染物。聚焦源头减排与末端治理，淘汰高污染设备，采用先进技术减少危废产生，废水废气100%达标排放。

积极发展绿色测井。研发去化学源、去火工品、零排放绿色测井生产工艺，大力发展低功耗、小型化的绿色测井技术装备，推广"一串测"、存储式测井、桥射联作、爬行器、硬电缆测井等绿色工艺技术，加速绿色科技项目研发成果转化、测井车辆绿色转型。开展护绿行动、专题宣传、专家讲座、知识竞赛、开放日、植树造林、生物多样性保护等专题活动，提升全体员工的环保意识和能力，绿色低碳生活理念深入人心。

（五）平安测井

深入贯彻落实中国石油平安企业建设推进会工作部署，巩固平安企业建设成果，抓好平安和发展两件大事，着力构建防范化解依法合规、网络舆情、公共安全、综治维稳风险的"大平安"格局，为测井改革发展大局保驾护航。

构建区域平安联盟模式。坚持融入中国石油"地区协调组"机制，按照地区统筹协调、党委牵头抓总、覆盖国际国内、深化共治共建的平安建设"整体一张网"思路，与多个油气田建立区域平安联盟新模式，深化企地警协作，巩固联防联动"朋友圈"、夯实维稳安保"防火墙"、筑牢舆情管控"防护网"，形成"四个一"工作经验[①]，有力维护良好发展环境。

推进安保防恐达标建设。严格按照国家标准、企业标准，结合公安机关属地要求，推进32个重点目标治安防范标准化建设达标，提高人防、物防、技防、犬防水平，接入地方政府"雪亮工程"，全面增强安全防护能力。分析安保风险、关键岗位与权责分配情况，梳理现行安保管理制度，形成13个程序文件和3个标准操作规范，通过中国石油评审验收并发布实施。

夯实法治维稳工作基础。持续推动维稳信访工作法治化、规范化建设，坚

---

① "四个一"工作经验：强化顶层设计，上下"一盘棋"统筹推进"保平安"；强化系统观念，企企"一体化"业务融合"创平安"；强化基层治理，企地"一张网"全面覆盖"护平安"；强化民生保障，企内"一条心"团结奋进"促平安"。

持常态化防范与重点阶段专项排查相结合,严格执行"重点领域、重点群体、重点问题、重点人员"排查、重大改革事项稳定风险评估、领导干部接访下访等制度,创新实践"党建+网格"的"红色网格"管理模式,确保"四在基层"工作要求[①]落到实处,各类稳定风险切实受控。

六、数智转型:驭时而进、向新而行

中油测井以建设"数智中国石油测井"为目标,利用云计算、大数据、物联网、5G、人工智能、区块链等数字技术,构建物理现实与数字环境融合交互的闭环系统,打造设备全连接、业务全在线、工作全协同的数字化环境,推进数字化转型、智能化发展,加快数字技术与测井业务深度融合,赋能测井转型升级,培育和发展新质生产力,催生新业态、新模式(见图7-6)。

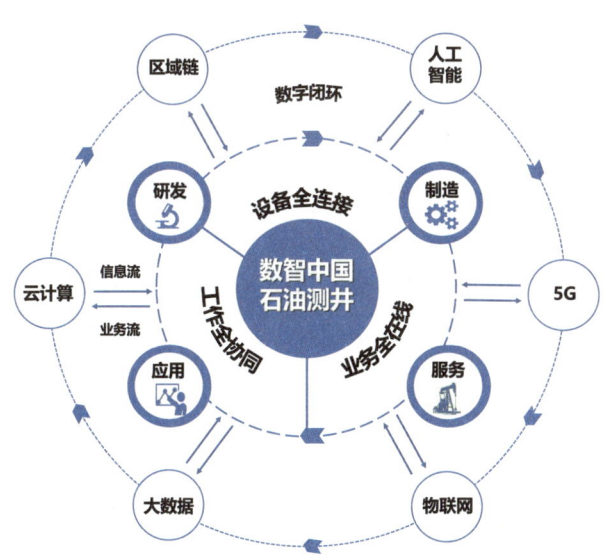

图7-6 数智中国石油测井建设

---

① "四在基层"工作要求:风险隐患发现在基层、矛盾纠纷化解在基层、制度体系固化在基层、和谐稳定创建在基层。

（一）夯实信息化基础，筑牢数字化转型底座

建好测井通信"一张网"、测井业务"一朵云"、测井数据"一个湖"，打造网络高效畅通、业务可靠支撑、云边端一体化协同的坚实数字基座。基础网络建设。加大测井广域网 3.0、5G 双域、海外网络、北斗导航等网络建设应用，建成多通道基础网络，终端接入超 2 万个，国内驻地内网覆盖率 100%。开展现场自组网技术研究，全面打通现场作业数据传输"最后一公里"。数据中心建设。合理规划各数据中心计算和存储资源，加强测井云平台及云计算中心建设，建成数据中心容灾体系，满足 IT 资源扩容、信创改造、容灾备份、海外业务承载等需求，并为测井大模型建设提供算力支撑。实施统一云管运维，保障集团、兄弟单位、公司信息服务平稳运行。信息系统建设。建设以大集中 ERP 为核心的统建经营管理平台，以测井 EISC 为核心的生产经营管理平台，以测井大数据平台为核心的数据管理平台，以网格化、云端化、移动化为核心的协同综合办公平台，持续提升业务链全过程管理数字化、智能化水平，加速系统融合、数据共享，提升生产经营综合管理能力。

（二）实施"5327"工程，加速测井数字化转型

响应中国石油和中油技服数字化转型总体部署，对标世界一流，聚焦效率、效益与效能三提升，制定数字化转型战略、编制《数字化转型总体实施方案》《"十四五"后三年信息化建设方案》，加速实施"5327"信息建设工程（见图 7-7），支撑实现"十四五"末基本建成、"十五五"末全面建成"数智中国石油测井"的目标。

（三）增强数智化能力，建设数智中油测井

以数智化建设加快发展测井新质生产力，聚焦仪器装备、生产作业、数据应用主线，形成支撑当前、引领未来的数智化能力，建设研发系统化、制造智

践行篇 | "惟实励新"的业务管理

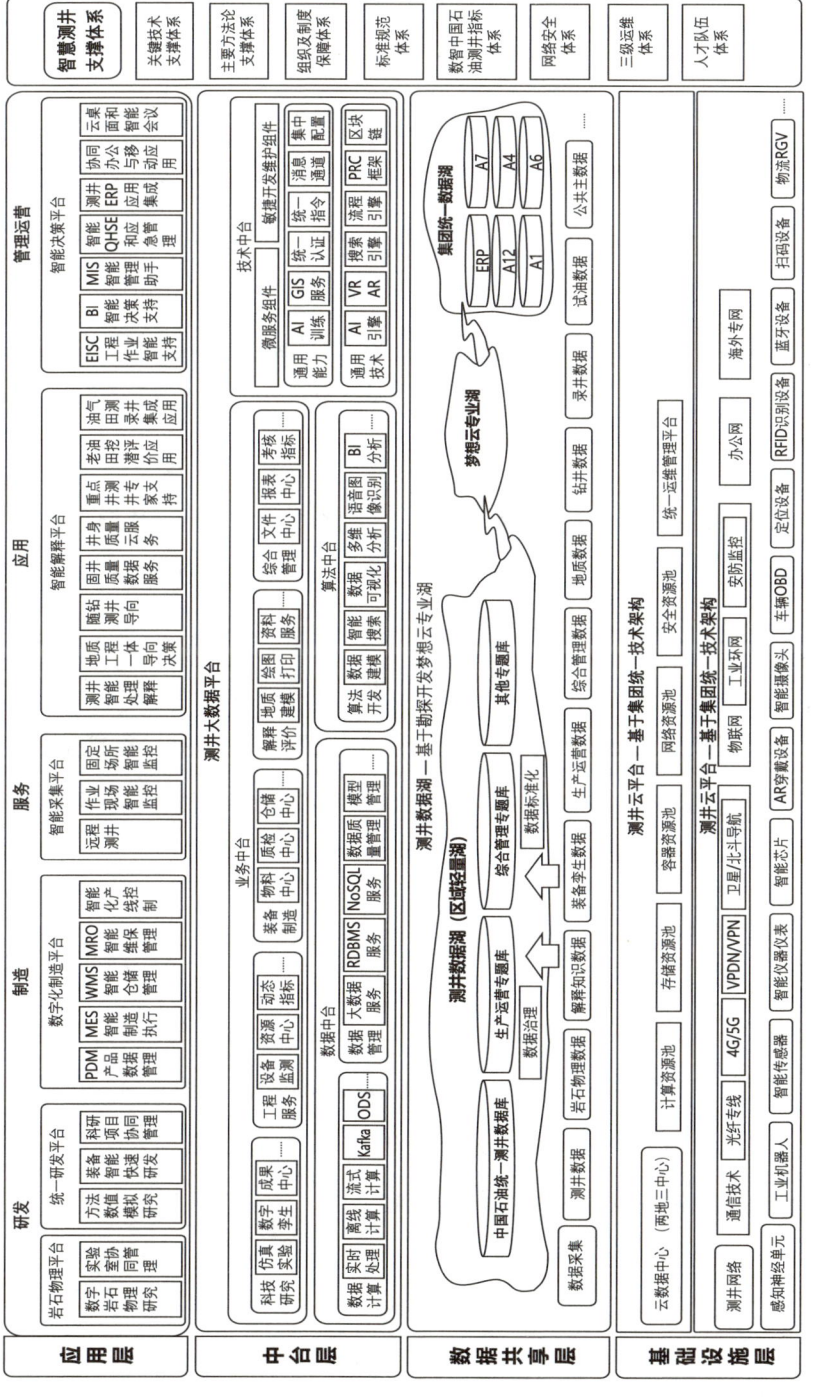

图 7-7　中油测井"5327"信息建设工程

慧眼识藏 深地逐梦
中油测井现代企业管理知行体系探索与实践

能化、服务远程化、应用价值化和运营一体化的数智中国石油测井。打造仪器装备数字孪生。建设测井装备数字孪生平台、数据管理及质控分析系统，实现全数字化仪器设计、实时测井质量控制、仪器数字化刻度，提升测井装备研发水平。打造井下物联网。开展多井注采同测、光纤技术研发与井场智能物联技术平台建设，实现高效分层注采动态监测与评价，支持油田开发调整由"滞后调控"向"实时优化"转变，助力智慧油气藏建设落地与深化应用。打造数字井筒、数字油藏。深化多尺度、多属性数字岩心建模及机理分析，构建数字井筒，精准描述储层，井震结合，打造点、线、面、体一体化数字油藏，有效服务钻井、测井、射孔、压裂、开发等工程应用。打造测井行业大模型。基于中国石油统一测井数据库海量数据及多年人工智能研发积累，利用多模态等大模型技术，初步建立11亿参数规模的测井处理解释模型，形成6个应用场景，在中国石油昆仑大模型发布会上成功发布。相比传统方法，人工智能大模型能够更加高效地处理复杂数据，挖掘多模态数据间的深层关联，显著提高解释精度和效率。坚持以用促建、以践促研，加快构建"AI+测井"智能应用环境，加速人工智能技术与测井业务的深度融合，赋能公司产业深度转型升级，开创数智中国石油测井发展新篇章。

得益于科技创新、装备制造、技术服务、评价应用、QHSE管理、数智转型等业务管理方面的不断精进，中油测井不断打造精准识别地下油气宝藏的"火眼金睛""探测利器"，"测井能力跻身世界前三"被写入中国石油年度主题报告，荣获国家高新技术企业、国家基础软件自主创新应用先锋、知识产权贯标企业、中国石油创新型企业、QHSE先进企业、绿色企业、陕西省百强企业、健康企业建设示范单位等一系列重要荣誉。

第八章 "义利统一"的经营管理

"利者,义之和也"①"正其谊(义)以谋其利,明其道而计其功"②。习近平总书记强调,"只有义利兼顾才能义利兼得,只有义利平衡才能义利共赢。"③中油测井将服务国家战略安全、建设世界一流企业、助力中国式现代化建设视作中油测井的"义",将提升核心竞争力、增强价值创造能力、提高企业经济效益视作中油测井的"利",在经营管理活动中秉持"以义为先、以义生利,以利为基、求利守义,义利兼顾、平衡致远"的义利观,贯彻中国石油"坚持高质量发展、坚持深化改革开放、坚持依法合规治企、坚持全面从严治党"兴企方略、"专业化发展、市场化运作、精益化管理、一体化统筹"治企准则,以义利统一之"慧眼",从客户视角辨别先机、深化合作,从专业视野审势定策、防控风险,从价值视角鼓励创造、论功计劳,构建与世界一流测井公司相适应的管理体系,促进经营管理质效双增。

一、市场开发:因势利导、分类施策

中油测井围绕加快构建新发展格局战略任务,坚持"市场导向、客户至上、一体协同、竞合共赢"营销方针,针对不同市场采取针对性拓展策略,提

---

① 杨天才译注. 周易 [M]. 北京:中华书局,2022 年 2 月.
② 颜元. 颜元集 [M]. 北京:中华书局,1987 年 6 月.
③ 习近平. 共创中韩合作未来 同襄亚洲振兴繁荣——在韩国国立首尔大学的演讲 [N]. 人民日报,2014 年 7 月 5 日(2).

高服务保障质量,加快构建以国内循环为主体、国内国际双循环相互促进的测井市场新格局。

(一)科学制定市场策略,统筹市场管理提效能

实施"4235"市场提升方案(见图8-1),转意识、定机制、建模式、用方法,分类挖掘市场潜力,推动市场服务转型、量效齐增。为有效应对快速发展中规模、质量协同的突出矛盾,着力推动服务模式从提供单项技术服务到提供一体化解决方案转变,从完井为主到为油气藏全生命周期服务转变,从"我有什么就提供什么"向"需要什么就提供什么"转变,实现油田业务链与测井服务链双链条绑定、全周期联动,不断提升市场响应速度和综合保障能力。"十四五"以来,中国石油内部市场年均占有率保持在90%以上,工程技术服务产值稳步增长。

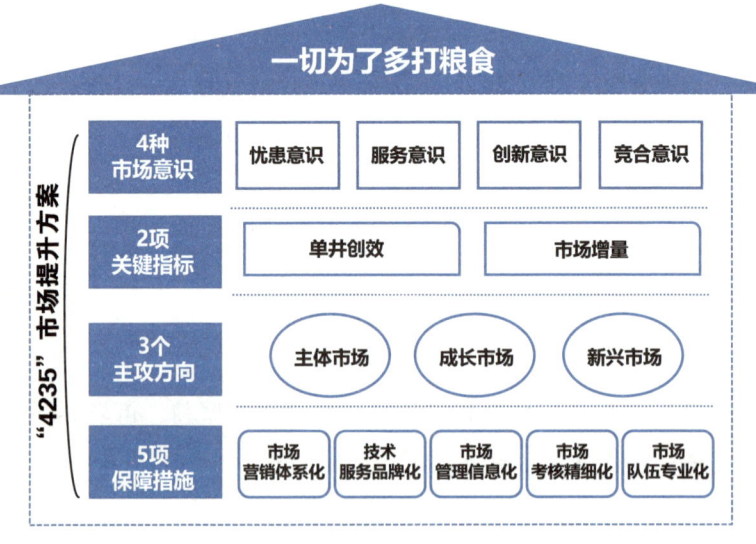

图8-1 "4235"市场提升方案逻辑图

（二）创新市场营销机制，激发市场管理责任

健全市场营销方法。实施"网格化、双驱动、铁三角"[①]工作方法、"三盯"[②]责任落实机制，始终以客户为中心，压实市场主体责任，营造"人人都是市场人"的良好氛围，有效凝聚市场合力。推行客户经理机制。针对各级客户科学配备146名客户经理。让真正熟悉油藏测井解释评价和仪器采集的技术人员担任客户经理，负责定期收集客户需求、提出和优化解决方案、推广使用新技术新工艺，配合各级市场管理人员做好市场开发与维护，突出市场增量、服务质量和保障市场相关考核。建立常态化客户交流合作机制。每年组织公司领导班子成员走访国内外客户，接连承办中国石油海外油气勘探开发技术交流会、中油测井技术交流研讨会、测井技术国际研讨会等高规格会议，带动国内外各类技术服务合同新签订份数创新高。健全工作专班运行模式。聚焦短板业务、成长业务和潜力市场，动态设置和调整工作专班，协同推进研发集成、试制推广、服务应用、支持保障、技术标准等工作。完善市场考核机制。制定市场增量指标考核细则、市场开发奖励实施细则，对技术服务单位、市场开发人员实施精准激励，引导各单位发展自主服务能力、扩大市场增量。增设支持保障奖、优秀客户经理等奖项，进一步发挥激励作用。

（三）提升市场服务能力，推动四类市场增量效

积极应对油气田持续降低成本、成长市场环境复杂、公司营销基础相对薄弱等挑战，坚持以客户为中心，以需求和结果为导向，以增量创效为目标，着

[①] 网格化、双驱动、铁三角：网格化，即实施市场"一把手"负责制，建立以区域为核心、分片区落实，横向到边、纵向到底的市场营销体系；双驱动，即通过客户关系维护与价值创造，双轮驱动市场开拓，在找油找气、增储上产中彰显测井价值；铁三角，即建立客户经理负责市场开发、技术支撑负责技术支持、资源保障负责生产保障的综合性市场营销团队，全方位、全流程参与市场开发和维护，最大限度提高市场开发效率、提高市场响应效率、提升市场维护能力。

[②] 三盯：盯甲方经理、盯项目、盯井。

慧眼识藏　深地逐梦
中油测井现代企业管理知行体系探索与实践

力为客户提供高端化、差异化、一体化服务，实现国内外市场量效齐增。

筑牢国内油气市场压舱石。内部市场提质扩容。坚持需求导向，精准优化测井技术服务方案，提供高端化、差异化、一体化服务，持续加大CPLog高端成像、特殊工艺技术应用，升级页岩油气水平井测井技术，参与射孔设计和压裂层段优选，有效应对市场化冲击，集团内部市场占有率较"十三五"末提高五个百分点。重点业务规模显现。组建工作专班推进快速发展，一体化统筹实施"技术＋市场""集中＋靠前"，效益型专班产值年均增长率超40％，智能测导、套后测井、光纤测井、连续油管、区域综合评价等业务成为增量创效主动力。外部市场区域拓增。发挥特色技术优势和区域保障优势，大力拓展中国石化、中国海油、延长石油及民营企业等市场业务链，积极进军地方油气资源市场，扩大规模效益。"十四五"期间，累计开发中国石油外部新市场150余个，年均产值增长率保持在20％以上。

打造国际服务市场增长极。突出重点分类施策。按照"一项目一策"推动现有市场扩容增项，与钻探企业联合开拓市场。加大非洲、中东、中亚三个市场专班作用，跟进做好阿尔及利亚、科威特等重点国家新市场开发。在阿尔及利亚中标三年期合同，打破了西方公司长期垄断。在科威特与四大国际油服同台竞技，成功中标1.62亿美元中国测井行业海外业务开展以来最大单体合同，标志着中油测井在中东地区非CNPC高端市场取得重大突破。搭建综合服务平台。重点在哈萨克斯坦、印度尼西亚、土库曼斯坦、乌兹别克斯坦、伊拉克等市场，以综合研究、服务贸易、地质工程一体化方向为抓手，坚持项目差异化发展，靠实目标任务，打造国际业务跨越式发展新引擎。在伊拉克实现英国石油、艾克森美孚等高端客户的市场突破，获最大单笔评价类合同。在印度尼西亚实现海上市场突破并中标四年期合同。国内国际一体运作。利用好两种资源、两种市场，发挥8个支持保障组作用，加快五大区域中心建设，强化技术研发、装备配套、解释评价、人力资源、物资保障、民生建设，全方位支撑国际市场开拓。2021年以来，国际业务新签合同额累计12.5亿美元，收入增长超过3倍。伊拉克作业区获评"中央企业先进集体"。

开辟新兴业务市场新赛道。跟进发展动向。加强市场调研，摸清目标领域，跟踪培育潜力项目市场，布局开展一批战略性新兴产业和未来产业。CCUS成长为首个亿元级战新产业。延伸业务领域。加快发展地热、干热岩、伴生矿等矿藏勘查业务，延伸管道检测、地下空间探测等非井筒业务，跟踪发展天然气水合物、氦气探测、铀矿等未来潜力业务，支撑保障中国石油新能源业务转型。深化技术合作。加强与自然资源调查单位合作，联合研制探矿设备，推动成熟配套技术应用，拓展矿产资源勘查市场。首次与华北油田开展原油生产及增产全风险合作，打造新型风险合作模式。

实现装备外销市场新突破。构建多层次立体式的产品营销网络，加大公司自主特色成熟测井装备、射孔器材、工艺工具的海外销售，扩大钻井仪表、井口计量仪等信息化数字化产品外销渠道，形成差异化竞争优势。IDS智能测导销往国外，FITS过钻具返销哈里伯顿在沙特阿美投产。射孔器材稳固中国石化、中国海油等国内市场，加大北美、中亚等国外市场的保供力度，持续开拓东南亚、南美等新兴市场。钻井仪器仪表抓住数字化油田建设和中油技服钻机升级改造的机遇，提高各类产品市场份额。井口计量仪建立"销售+服务"两种商业模式，呈现良好应用前景。

二、规划计划：事预则立、不预则废

"凡事预则立，不预则废。言前定则不跲，事前定则不困，行前定则不疚，道前定则不穷。"[①] 中油测井紧跟现代化强国战略，在中国石油"十四五"发展

---

① 胡平生，张萌译注. 礼记[M]. 北京：中华书局，2017年11月.

规划指导下，提前做好调研与分析，组织制定、滚动调整发展规划及专项计划，严格跟进和监督各类规划计划落地实施。

（一）滚动调整各类规划，保障战略目标实现

认真开展"十四五"规划中期评估，对长庆、西南、新疆等能源保供及勘探开发主力区域开展对策性调研，对海外业务、海上业务、新能源新业务开展战略性调研，形成《关于"十四五"规划中期评估及滚动调整》调研报告和发展规划专项报告。在此基础上，依照中国石油、中油技服的新部署、新要求、新任务，锚定世界一流目标，滚动优化指标、强化衔接协同、调整部署安排，编制2024—2026年公司总体滚动规划及各专项规划，确保实现"十四五"战略目标。围绕中国石油新能源新业务发展专项规划和"六大基地"[1]"五大工程"[2]建设部署，编制《新能源新业务发展规划》；广泛收集梳理全国31个省市自治区"十四五"矿产资源总体规划，汇编《全国各省市矿产资源相关规划（2021—2025年）》；围绕中国石油绿色低碳转型"三步走"战略部署，编制《碳达峰行动方案》。

（二）闭环管理投资计划，发挥投资保障作用

"慎终如始，则无败事。"[3]坚持严谨投资、精准投资、效益投资，狠抓关键环节控制，实现投资项目全过程管理，投产满一年以上项目全部达到或超过可研预期效益。严格把控项目前期评审。按项目类别开展可行性研究报告审查，重点审查项目必要性和效益指标，避免低效无效投资。编制并组织实施投

---

[1] 六大基地：玉门油田清洁转型、大庆油田绿色低碳可持续发展、吉林油田光伏发电、京津冀地热供暖、青海油田清洁电力、新疆绿色能源产业化发展。
[2] 五大工程：战略资源开发、氢能产业链、清洁替代、CCUS示范、新材料产业提速。
[3] 张景，张松辉译注.道德经[M].北京：中华书局，2021年5月.

资计划。科学编制年度投资框架建议。组织本部相关部门、首席专家、十大项目经理、各单位召开投资对接会，进一步研讨、编制并组织实施年度投资计划。强化项目过程管控。严格按照中国石油投资批次计划和公司年度投资计划，安排下达投资任务，周协调、月跟踪、季通报推动实施，确保全面完成投资完成率指标。高度重视项目后评价。建立后评价整改问题"回头看"机制，将后评价成果作为项目审批、投资决策、项目管理的重要依据。制订年度后评价计划，分类开展详细后评价和简化后评价。及时进行研究典型性、普遍性、倾向性问题，提升投资管理水平。

（三）系统管理专项计划，统筹推进重点项目

针对重点领域、重点专业的计划项目，通过深入市场调研和需求分析，确立项目目标和预期成果。依据项目特点，规划资金预算、资源配置、责任主体，编制专项计划。实施过程采用先进项目管理工具和技术，确保项目按计划推进并达到预期质量标准。建立项目风险管控体系，降低不确定性因素对项目的影响；强化与政府、社区及其他利益相关方的沟通协调，确保项目顺利进行并获得必要的外部支持。在民生工程计划管理中，深入所属各单位收集民生需求，按照医疗健康、文体设施、住宿就餐、后勤保障四类编制《民生工程专项计划》，共计完成247个项目，通过月报和现场检查跟踪督促项目落地，突出进度、质量、安全等监督重点，进一步改善员工生产生活条件。

三、财务管理：强本节用、精打细算

将价值创造贯穿财务管理活动各环节，精打细算、精益求精，持续完善财务管理体系和运行机制，充分发挥服务保障、价值创造、决策支持、风险防控

的功能作用,推动"两利五率"指标实现"两增一稳四提升"①。中油测井被评为集团公司2021—2023年财务工作先进集体。

(一)建设一流财务体系,加快提升财务管理中心能力

遵循"协同有序、精益高效、集成共享、稳健合规、专业精干"20字要求,参照国内外先进企业的管理实践,结合自身发展阶段和战略需求,着眼强化"以财务管理为中心的企业管理"和"以价值创造为核心的财务管理",形成并部署"1234885"的财务管理体系总体布局(见图8-2),构建与世界一流测井公司相适应的财务管理体系,提升财务管理的中心能力与核心作用,推动经营发展质量稳中向好、好中向优。

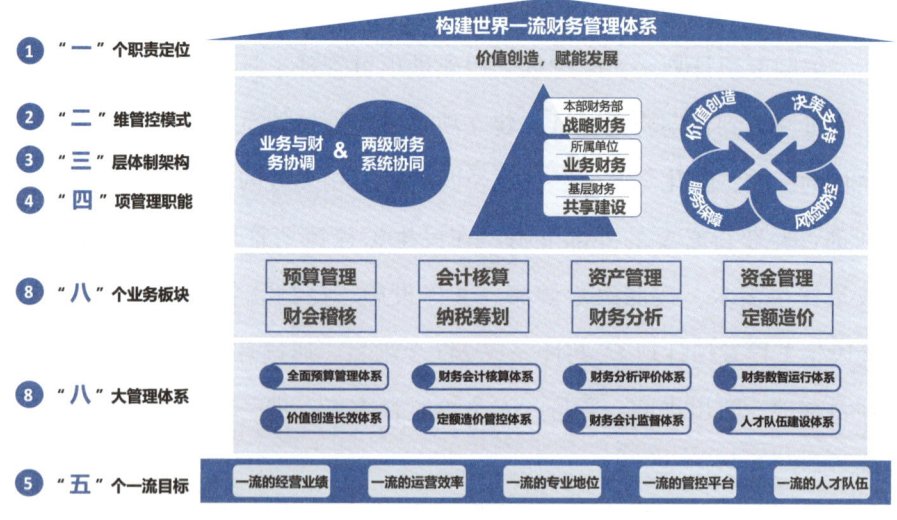

图8-2 中油测井"1234885"财务管理体系

---

① 两增一稳四提升:利润总额、净利润增速高于全国GDP增速,资产负债率总体保持稳定,净资产收益率、研发经费投入强度、全员劳动生产率、营业现金比率四个指标进一步提升。

（二）滚动推进提质增效，持续完善价值创造长效机制

深入落实中国石油提质增效和低成本发展战略举措，全力以赴稳经营、强管理、防风险、增效益，在战略举措、完善机制、成本管控、治理亏损等方面持续精准发力，价值创造成效显著。突出战略引领。连续五年深化提质增效战略举措，研究制定"升级版""精进版""增值版"实施方案，将提质增效贯穿于公司管理全过程、全环节、全岗位，健全"过程督导、责任落实""全员参与、成果分享""典型引路、协同推进"三大长效机制，突出正向激励、精准激励，激发各级干部员工的工作合力，营造全员提质增效良好局面。严格管控成本。构建"总部管总体预算、所属单位管明细预算"的双重责任体系，推动成本费用管理从总量指标为主向作业动因、物料消耗、费用要素及产品、订单和项目逐步细化。开展三级成本对标，推广项目（区域）效益评价，极限压降无效作业和非生产性支出，持续压降工程业务外包、井口及辅助业务外包、设备租赁等成本项目。治理亏损企业。坚持分类施策、"一企一策"，制定亏损子企业减亏、扭亏、合理回报的时间表、路线图和任务清单，做好全级次法人企业经营指标月度动态监控、工作推进季度落实督导、经验案例年度提炼推广，压减高负债子企业2户，实现全级次无亏损企业，提前完成中国石油下达的法人压减任务。

（三）深化全面预算管理，突出预算效益价值导向作用

深入推进全面预算管理体系建设，不断拓展预算管理内涵，坚持效益为先、事前算赢，推动OKR预算绩效考核，强化预算过程管控，以强有力的预算机制保障公司绩效目标实现。拓展预算管理内涵。构建横向覆盖全价值链条与全部生产经营活动，纵向穿透全层级业务单元，源头衔接投资和生产经营计划，周期匹配中长期发展规划和年度及任期目标的全面预算管理体系。深入

实施全面预算、零基预算、精益预算，推进战略、计划、预算和绩效一体化闭环管理。突出效益目标导向。发挥全面预算正向牵引与效益倒逼作用，推动预算绩效考核从"结果导向、事后评价"的 KPI 向"目标导向、过程管控"的 OKR 转变。细化预算编制和业绩指标分解的颗粒度，按照预算值、目标值进行业绩指标分档管理，实行月考核、季汇报、半年预兑现、全年硬兑现。强化预算过程管控。牢固树立"无预算、不支出"的理念，重点抓好物资采购、设备租赁、工程外包、维修改造、科研经费、安全环保等分项计划执行率。刚性执行预算指标，将各单位经营业绩指标细化分解到季度和月度，加大无预算、超预算、预算串项列支费用的管控力度。

（四）高效管理资金资产，保障业务稳健精益高效运行

牢固树立"从严管理出效益、精细管理出大效益、精益管理出更大效益"理念，通过全要素精打细算、精益运营，保障各项业务稳健精益高效运行。深化资金管理体系。完善资金集约化管理模式，健全内部市场化资金配置机制和风险防控机制，加强现金预测和预算控制，逐步实现所属单位现金流正向循环、安全充裕、自求平衡。强化资产管理体系。健全资产全生命周期管理体系，持续开展资产分类评价创效工作，精准识别高效、常效、低效和负效资产，充分运用分类评价结果，制定差异化资产运营策略。加快低效负效资产出清，持续提升高效资产占比和常效资产创效能力。优化税收管理体系。推动税收管理向业务、财务、税务一体化管理转变，以价值创造为目标，推进财税政策精准筹划，努力实现最优税负目标。完善定额造价体系。完善公司定额造价体系 2.0，提高定额造价体系与生产经营契合度，保障业务归核化改革效能释放。配合完成 2023 版测录井工程市场化计价规则修编，指导分公司与各油田公司的价格谈判和地区应用，争取测井价格最优，体现测井技术和服务价值。

（五）强化财务基础建设，多点推进财务数智转型升级

强化财务工作制度化、流程化与标准化建设，加快财务数智赋能，推动财务工作转型升级，为公司稳健运营和持续发展提供坚实的财务支撑。深化财务基础建设。制定《会计基础工作规范》《重点业务操作指南》《财务稽查工作手册》《员工报销业务注意事项》等指导规范，联合厦门大学高水平举办公司总会计师培训班，1项管理创新成果获石油石化企业管理创新优秀成果一等奖。加快财务数智赋能。以数字技术重塑财务职能，构建业财深度融合的新格局，全力推进大集中ERP建设，自主开发财务大数据系统和预算控制平台，以"业财一体、纵横穿透"为方向，打造44个财务模板，搭建前台应用，编制内参资料，控制专项经费，利用信息化手段提高成本管控的效率和水平。推动财务转型升级。建成财务绩效指标分析模型，开展财务三张表解析、项目（区域）核算与效益评价，深入剖析管控优势领域与薄弱环节，精准施策，最大限度挖掘基层创收增效潜力。在中国石油率先探索财务BP建设，向业务端"好伙伴""智囊团"持续转型。健全财会监督机制。建立完善三级财会监督体系，深入实施会计信息质量、债务及金融风险、依法纳税、国有产权管理等专项治理，扎实开展重点项目和领域等专项检查，引入招标采购环节事前监督，落实重点单位、重点业务现场监督，深化财务BP、科研财务助理专项监督，推动财务稽核实现常态化、长效化，确保公司经营风险整体受控。

四、合规管控：缘法而治、规行矩步

"为之于未有，治之于未乱。"[①] 中油测井秉持"善法"理念，在经营活动中严格遵循相关法律法规和内部规章制度，主动管理和预防潜在风险，健全完

---

① 张景，张松辉译注. 道德经[M]. 北京：中华书局，2021年5月.

善内控体系，全覆盖开展审计工作，系统构建大风控格局。

（一）推进"三个体系"融合，全面构建大风控格局

探索推进合规管理体系、内控管理体系、风险管理体系"三个体系"融合，制订管理办法，设立管理机构，落实各单位第一责任人职责，筑牢合规内控风险管理坚实防线，形成科学有效的职责分工和制衡机制，全面构建"大风控"格局，推进监督检查与风险防控的常态化建设。

（二）依法治企合规管理，建设世界一流法治企业

聚焦建设世界一流法治企业目标要求，实施"优化八个体系、提升八种能力"重点任务，深化治理完善、经营合规、管理规范、守法诚信的法治企业建设。一是优化领导责任体系，提升法治引领能力。狠抓领导人员法治建设职责落实，严格落实中国石油法治建设年度检查、企业依法合规经营绩效考核等制度，强化价值导向和政策激励。将学习掌握必备法律知识作为领导干部能力培养重要内容，增强领导干部法治意识和能力。二是优化依法治理体系，提升依法治理能力。将公司章程规定作为规范治理的基本遵循和制修订各类规章制度的基本依据和准则，严格落实"三重一大"制度，执行经营管理重大事项前置研究讨论程序，促进权责法定、权责透明、协调运转、有效制衡。三是优化规章制度体系，提升规范管理能力。优化制度体系架构，推动公司、所属单位两个层级的各类制度更加成熟定型，加强制度制修订过程审查，实现立项、起草、审查、审议、发布、宣贯等制度建设环节闭环管理。对制度执行进行定期评价，开展立改废释工作，2021年以来累计制修订公司层面制度350多项、基层单位层面制度1300余项。四是优化合规管理体系，提升风险防控能力。健全主要负责人负总责、总法律顾问牵头、法律部门归口统筹、相关部门协同联动的合规管理组织体系，将"管业务必须管合规"的原则

落实到部门和岗位,形成本部各部门 111 项合规职责清单、所属各单位 1355 项合规职责清单。持续开展全员合规培训,确保培训参与率、测试合格率。五是优化法律支持体系,提升专业保障能力。完善总法律顾问、专业化副总法律顾问履职机制保障和配套措施,确保规章制度、经济合同、重要决策法律审核率 100%。健全完善重大项目法律全过程参与制度,尤其强化重点事项法律支持保障,不断提升法律专业保障工作质量。六是优化合同管理体系,提升签约履约能力。全面提升合同管理精细化水平,规范线上合同申报、审查审批、在线签约、合同示范文本、履约管控等功能使用,加强合同运行质量和数据分析,持续提高合同签约质量和履约能力。从事前、事中、事后三个维度,持续做好合同管理突出问题的梳理排查,坚持问题源头治理。七是优化案件管理体系,提升依法维权能力。全面提升案件规范化管理水平,优化和落实两级纠纷案件管理办法,严格执行案件申报制度、"一案一分析"制度和纠纷案件信息共享制度。积极处理各类未结案件,建立纠纷案件和处理过错责任追究机制,区分过错责任的性质和后果,追究单位和人员相应责任。八是优化工作组织体系,提升队伍专业能力。持续完善总法律顾问制度,写入公司章程和其他制度规范。加强法律工作机构建设和队伍建设,坚持按需定岗定编,提升队伍整体素质能力。持续开展法律职业资格考前培训,鼓励业务人员积极备考、获取资格。

(三)健全内部控制体系,推行审计监督全覆盖

健全内部控制体系。按照"强监管、严问责"总体工作要求,不断健全内部控制体系。加强组织领导。进一步建立健全领导层决策、业务部门执行、监督部门监督的内控建设与监督管理体制,确保内控要求落实到内控体系全过程、各环节。健全工作机制。切实发挥内控部门统筹协调、组织推动、督促落实作用,压实内控建设和监督主体责任。落实"一把手"责任。各部门、各单

位"一把手"切实履行内控工作第一责任人职责，带头遵守内控规定、执行管控措施、接受内控约束，带头组织推动内控体系落地实施。完善内控管理制度流程。持续完善内控手册、流程文档和权限手册，修订内控流程对照表，实现319项业务与现行350项制度逐项对应，完成重组单位87个流程再造，新增修订277项业务流程。加强境外项目内控建设。编制内控管理国际业务独立分册，规范境外业务流程管理。

深入推动审计监督全覆盖。构建集中统一、全面覆盖、权威高效的审计监督体系，发挥审计监督的独特作用。全面履行"经济体检"职能。立足经济监督定位，围绕公司党委决策部署谋划审计工作，统筹规划各年度审计项目和关注重点。2021年以来，集中开展公司经济责任、经营成果、基建工程、境外项目、科研经费、重大专项和内控测试7类170项审计项目，审计单位覆盖率100%，发现典型问题1192个，提出管理建议239条。强化内控体系监督评价职能。统筹推进内控测试与经责审计融合工作模式，有效缩减现场检查时间，采取"现场+远程"相结合的方式，实现所属各单位内控测试检查全覆盖。在体系流程优化、制度建设完善等方面披露问题137项，促进内控体系持续完善。做好问题整改"后半篇文章"。健全完善审计整改工作机制，明确审计整改责任主体、规范审计整改流程，制定《公司审计整改工作实施规定》，健全工作报告、贯通协同等7项工作机制，强化审计整改动态管理，专人专岗督办整改、对账销号，保证整改成效。

（四）加强重大风险监督，提升风险防控水平

夯实风险管理基础工作。新建风险管理制度61项、修订制度74项、废止制度113项。建立健全重大经营风险防控体系，完善分类及认定标准，规范报送制度，以业务管理为切入点，从源头切实防范化解经营风险，坚决守住不发生重大风险的底线。全面开展风险管控工作。每年编制《年度重大风险评估报

告》，按季度开展风险事件收集及分析，识别风险因素、主要影响并制定相应管控举措。针对重大经营风险事件做到快速反应、及时报告、精准管控、稳妥处置的闭环管理。建立完善覆盖全部境外项目的风险防御工作机制，加强境外项目合规监督检查，切实做好境外项目重大风险应急处置工作。持续加强风险监督工作。严格落实重大风险监督检查计划。针对评估确定年度重大风险，落实监督部门和岗位责任，加强风险动态监测，按季形成风险分析报告；强化监测结果运用，及时发布预警提示，防范重大风险蔓延和叠加；加大风险监督考核，严格落实严考核、硬兑现，确保总体风险管控有效。

五、绩效管理：使法量功、计功程劳

中油测井贯彻落实中国石油、中油技服关于绩效管理的政策要求，构建科学的考核指标体系，实施差异化考核，建立增量奖惩机制，强化激励约束并重，全面激发组织和个人绩效，为建设世界一流企业创新创效。

（一）坚持战略导向，科学构建指标体系

精准把握新时代新征程国资央企新使命新定位，紧扣高质量发展战略和世界一流发展目标，贯彻落实中国石油考核指标体系，将国内市场挖潜、海外市场开拓、装备制造外销、新能源新业务发展作为业绩考核和提高盈利能力的重点，提升质量效益、强化转型升级、推进创新驱动。系统建立由效益、营运、党建、约束、激励五大部分构成的业绩考核框架，将上级考核指标、年度重点工作等关键性、引领性指标纳入考核，全面梳理并滚动更新细化5大类92项业绩指标，充分体现了战略导向、目标导向和问题导向。每年动态修订完善各项业绩指标考核细则，清晰各项指标的考核范围、考核内容、指标定义、积分规则、考核部门等，支撑考核工作更加科学精准、规范公正。

（二）深化一企一策，分类设置考核重点

根据所属单位功能定位、业务特点、发展阶段，将考核对象分为技术服务、科研创新、装备制造、生产保障、本部管理五大类别，突出业务重点指标，分类保证公司整体目标任务高质量完成（见表8-1）。针对不同业务类型单位，差异化设置考核权重，对关键指标实行月考核、季汇报、半年预兑现，牵引各单位更加聚焦主责主业，增强核心功能。强化本部部门考核与公司整体经营效益、服务基层单位效果联动，促进公司上下锚定目标、同向发力。

表 8-1　各类型考核指标及权重

类别	重点	指标	权重
服务	利润、市场增量	利润总额、市场增量、人均劳效	60%
科研	科技创新、成果转化	成果转化率、带动服务和销售收入	70%
制造	产品质量、维修成本	一次交验合格率、投入产出效率	60%
保障	利用率、保障满意度	采购计划完成率、装备利用率	80%
管理	综合满意度、重点工作	基层服务满意度、重点工作完成率	70%

（三）突出效益核心，建立增量奖惩机制

围绕"一切为了多打粮食"，强化全员市场意识和竞争意识，按照"存量保稳定、增量促发展"工作思路，激励各单位外闯市场增收创效。细分市场类型，根据主体市场、成长市场、国际市场、新兴市场的性质和开发难度，差异化设置相应加权系数，精准反映各类市场开发的工作价值。针对细分市场不同类型业务，精细计算市场增量。对自主作业和业务外包设置不同的加权系数，引导各单位发展自主服务能力，扩大市场增量。采取零基数计算新兴业务收入增量，鼓励各单位多措并举拓展新兴、新领域市场。实施增量绩效考核以来，市场累计增量、各市场增量显著提升，有力推动公司业务结构优化、创效能力提升、配置资源提效。

（四）注重考用结合，强化激励约束并重

突出业绩考核的"指挥棒"作用，将考核结果分别与所属单位、本部部门工资总额挂钩，与领导人员年度绩效工资、任期激励收入与岗位调整挂钩。加大价值贡献考核力度，分配重点向指标完成好、效益贡献大及投入产出效率高的单位倾斜；对未完成考核目标的单位，按比例扣减工资总额基数，最高达30%。结合贡献系数和考核权重分配增量工资。聚焦生产经营关键环节和短板瓶颈问题，设置市场开发、科技创新、质量安全环保节能、劳动竞赛等专项奖励，形成重点激励、精准激励、补充激励的激励机制，鼓励所属单位超额完成考核指标。同时，将年度考核与任期履职测评相结合，作为领导班子调整和领导人员升降去留的重要依据。年度考核连续3年优秀的，给予年度平均绩效奖金15%的任期奖励，年度考核2年优秀或任期业绩考核排名靠前的，给予年度平均绩效奖金10%的任期奖励，有效激发广大干部员工干事创业热情。

中油测井运用"义利统一"的辩证智慧，正确处理经营管理活动中的关键关系，致力依法合规治企兴企强企，积极探索提高效率效益的新源泉新活力，深入推动全业务链增收、全价值链降本、全管理链提效，统筹实现质的有效提升和量的合理增长，进一步为高质量发展厚植底蕴、夯实根基。

第九章 "选贤任能"的队伍建设

习近平总书记强调,"办好中国的事情,关键在党,关键在人,关键在人才"[1]。这一重要论述深刻阐释了党的领导以及人才在国家发展中的关键作用。中油测井深入贯彻落实新时代党的组织路线和《中国共产党组织工作条例》,全面落实中国石油党组《人才强企工程行动方案》,突出人才引领发展的战略地位,坚持工程思维、目标导向,坚持创新是第一动力、人才是第一资源,恪守"崇文""尚贤"理念,以"慧眼"识才育才用才,促进"贤者在位,能者在职"[2]。在队伍建设工作中,着眼世界一流,持续推动组织体系优化,释放人力资源效能;着眼治企兴企,聚焦"选育管用",锻造政治坚强、本领高强、意志顽强的干部队伍;着眼可持续发展,关注八类人才建设,保证各类人才各尽其能;着眼动力活力,完善"生聚理用",不断创新人才工作机制,释放第一资源潜力,为测井事业做强做优做大、迈向更高质量发展提供坚实有力的一流人才支撑。

一、组织优化:去冗从简、力专则强

中油测井遵循"四化"治企准则,适应公司治理体系和治理能力现代化建

---

[1] 习近平.加大改革落实工作力度让人才创新创造活力充分迸发[N].人民日报,2016年5月7日(1).

[2] 杨伯峻.孟子译注[M].北京:中华书局,2019年2月.

设需要，深化"优术"之举，构建新型高效组织体系，统筹测井发展与人才开发，促进人事相宜、能岗匹配，释放人才潜能，充分动员和组织各项业务、资源实现世界一流目标。

（一）全面开展"三定"工作

中油测井落实中国石油党组织文件要求，全面开展"三定"工作，构建事业部双矩阵运营组织架构，形成"公司本部管总、研发制造主建、服务公司主战"的扁平化、集约化管理模式，按专业化管理设二级单位19家，含技术服务单位13家、技术创新单位3家和支持保障单位3家（见图9-1）。

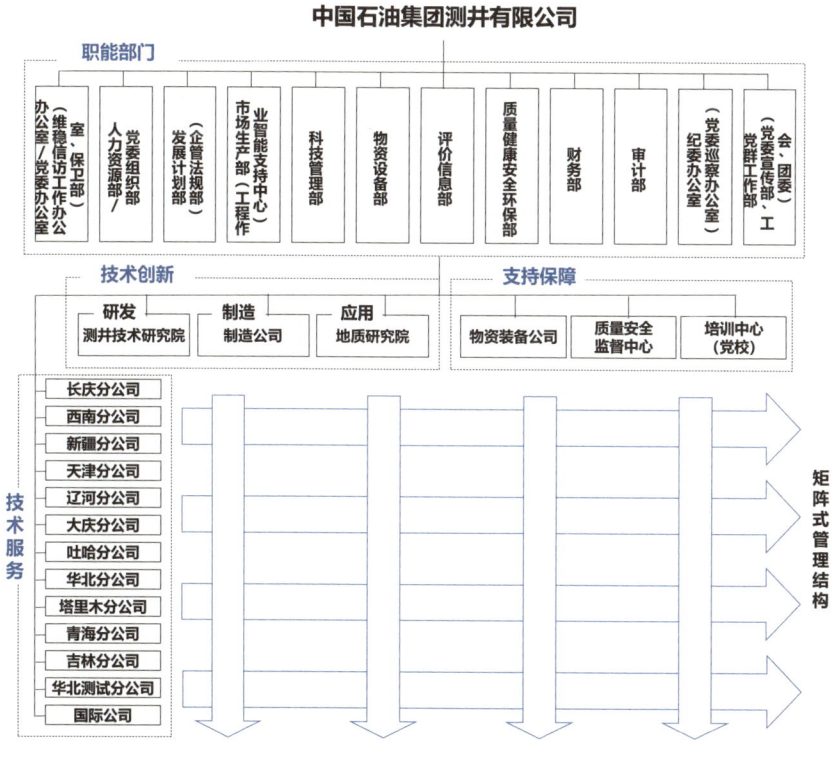

图9-1 中油测井组织架构图

慧眼识藏　深地逐梦
中油测井现代企业管理知行体系探索与实践

深化公司本部机构改革。在公司本部设置上，坚持"宽职能、大部门"改革方向。优化协同"定职能"。坚持与中国石油相关部门职能调整相一致的原则，适应大集中 ERP 建设业务流程调整，全面梳理规范本部职能，调整部分部门职能。规范精简"定机构"。落实本部部门设置限额要求，结合生产经营实际，不断优化本部机构设置，设置本部部门 12 个，充分发挥本部管总的重要职能。精干高效"定编制"。严格职数配置标准，全面从严管控编制职数，按组织机构、职责范围和业务分工细化岗位定编。

调整优化二级单位设置。持续推进国内、国际市场统一管理、区域保障，整合研发、制造、物装、物采、评价、监督、国际等业务资源，进一步破除体制机制障碍，激发内部活力。技术服务单位方面，各地区服务公司按照"一对一"服务保障所在地区油田，服务公司主战定位和功能更加突出。整合成立新的国际公司，负责公司国际业务运行管理，承担市场开发和经营管理等业务发展责任。技术创新单位方面，整合成立新的测井技术研究院，采取"方法＋平台＋项目"矩阵式管理的新组织架构，全力打造统一研发平台，优化资源配置、促进技术共享、提升研发效率。整合成立制造公司，主要负责三级维保及物资装备公司的技术支持与自制类需求，开展产业化制造，落实数字转型战略，加快形成"制造＋服务"的新模式。支持保障单位方面，整合成立物资装备公司，逐步形成公司物资、装备、工艺共享机制，实现资源效益最大化。整合成立质量安全监督中心，进一步推动质量计量监督业务的专业化、高端化、规模化发展。生产服务中心并入培训中心（党校），培训中心（党校）加挂公共事务中心牌子。

优化二级单位本部"三定"。统一制定公司《组织机构设置规范》等文件，规范二、三级单位机构设置和职能配置，建立分级分类的机构、职能设置和领导职数、人员编制配置标准。技术服务单位按营业收入规模分为 A、B 两种模式，技术创新单位分为科研、制造两种模式，支持保障单位分为物资装备、质量安全监督、培训（生产服务）三种模式。每年持续进行优化调整，满足中国石油组织体系优化新要求。

截至 2023 年末，全面完成两级本部"三定"工作，提前完成"十四五"期间二级机构和中层领导人员职数压减任务。公司本部机构设置、职能配置、领导职数及人员编制与中国石油批复保持一致；二级单位本部机构设置、人员编制全部符合中国石油企业组织体系优化的指导意见要求。

（二）持续创新生产组织模式

不断创新生产组织模式，优化调整队伍结构，合理控制员工规模，提升全员劳动生产率。

推广"以井为中心"的生产组织。通过共享专业技术和技能操作人员实施测井灵活组队，与一队 N 班、项目专测、井型专测协同作业，节约作业人员，提高生产效能。推行"人机分离""灵活组队"组织模式。作业任务完成后，人员休整期间，设备经过维护保养符合作业要求后，交由另一班作业人员使用该套设备继续承担作业任务。按"以井为中心"配置作业人员，综合考虑测井对象、井别、井型以及施工工艺、质量安全等因素，确定配置数量，提升单队作业效率和全员劳动生产率。推行"队长选人"机制。项目部选派作业经理，根据作业项目、工艺，在保证安全和质量前提下，自主完成队伍组建、生产准备和施工作业，推动人员、设备优胜劣汰，使优秀的人员获得更多的工作量、取得更高的收入，进一步激发作业人员积极性。推行"机场后勤"生产保障模式。设立技术应用、测配工具、车辆维修、仪器维修、物资供应、工艺技术、解释评价等支撑保障组，开展相关设备的维保、材料发放及检查等管理，指导和协助作业队解决施工现场的技术难题，确保施工作业安全高效运行。

构建"面向生产、深度融合"的靠前服务模式。集中优势力量和资源，采取需求主导、深度融合、一体化办公、靠前服务模式，推动测井服务链深度融入油田业务链，促进测井价值显性化。强化融入式服务。与油气田共建联合研究中心，聘请油田地质、油藏等方面专家参与资料解释评价，发挥团队集中优势，解决现场技术难题，提高人均创效能力。推进前后协同。解释中心与地质研究院前后方协同，采用"靠前+集中""地质+工程""研究+作业"等工作模式，提前介入、超前准备，落实"一井一策"，实施"双井长负责制"，为油气勘探开发提供高质量的服务保障。

（三）实施区域人力资源共享

中油测井员工总数1.1万余人，队伍分布国内海外，区域分散，工作量差异大。为推动公司专业化管理和人力资源统筹配置管理，解决区域间资源分布不均衡、人力资源统筹配置难度大等问题，按照先试点后推广的原则，组建国际、东部、西南、中部、西部5个区域人力资源共享中心。各区域人力资源共享中心在公司人力资源部统一指导下统筹配置协调区域内所属单位人力资源，承担人力资源价值提升考核指标，负责区域人力资源管理，与用工单位做好人员"选用育评"工作，与培训单位做好人员教育培训（见图9-2）。

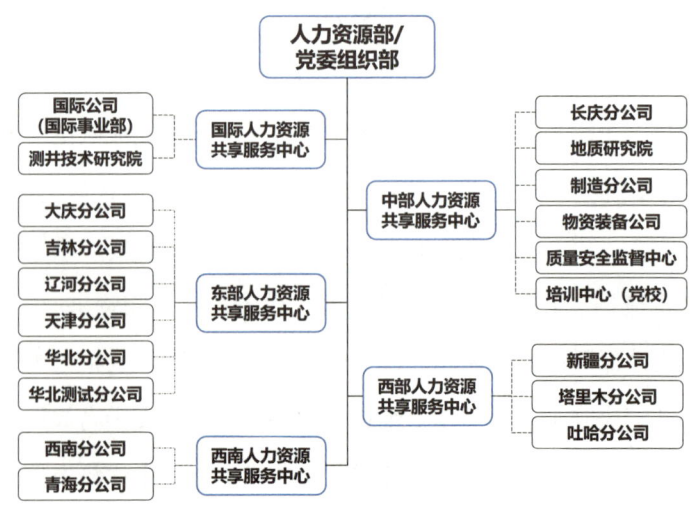

图9-2 中油测井人力资源共享管理架构图

二、干部管理：德才兼备、正位凝命

"尚贤者，政之本也。"① 中油测井认真学习领会习近平总书记关于干部人才工作的系列重要论述，全面贯彻新时代党的组织路线，着眼测井事业薪火相传和建设世界一流测井公司需要，紧紧围绕"把什么样的班交给继任者？把班交给什么样的继任者？"两大命题，着力抓好"选育管用"闭环管理、循环提升，破解"盖层太厚、断层太深、储层太薄"突出问题，锻造一支政治坚强、本领高强、意志顽强的高素质专业化干部队伍（见图9-3）。2023年公司干部选拔任用工作总体评价"较好"以上比率达99.36%；任期人力资源价值评价中选人用人满意度指标在中油技服成员企业排名第一。

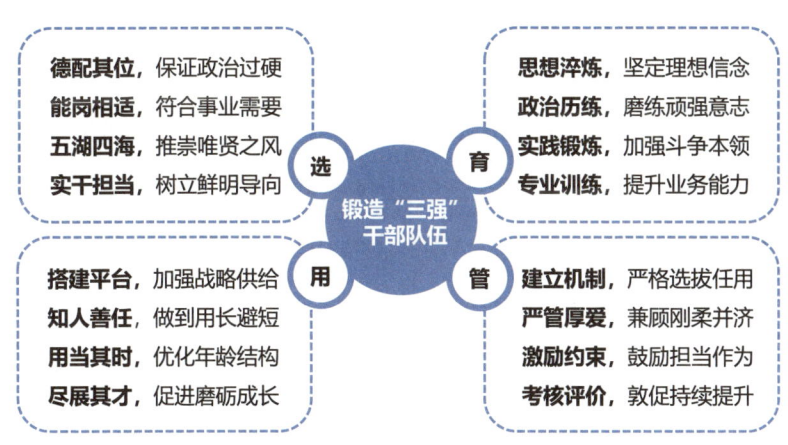

图 9-3 中油测井干部管理"选育管用"工作机制

（一）"选"好干部：德配其位、能岗相适、五湖四海、实干担当

"为政之要，惟在得人"②。只有源源不断发现培养选拔优秀干部，测井事

---

① 方勇译注．墨子[M]．北京：中华书局，2015年3月．
② 吴兢．贞观政要（骈宇骞译注版）[M]．北京：中华书局，2022年7月．

慧眼识藏　深地逐梦
中油测井现代企业管理知行体系探索与实践

业才能一代一代接续下去。中油测井坚持德配其位、能岗相适、五湖四海、实干担当，科学精准做实"选"好干部文章，为干部队伍高质量发展注入活力。

德配其位，保证政治过硬。把政治标准摆在诸德之首，全方位做深做实政治素质考察，明确"五个是否"标准，实行"政治"一票否决，保证选出来的干部政治过硬。政治忠诚上，重点考察学懂弄通、自觉践行，用党的创新理论武装头脑，坚决贯彻落实党中央路线方针政策、中国石油党组重大决策部署、公司党委重点任务目标情况。政治定力上，重点考察信仰坚定、定位准确，坚决拥护"两个确立"，增强"四个意识"、坚定"四个自信"、做到"两个维护"，坚持党的领导，矢志推进改革发展情况。政治担当上，重点考察敢于斗争、勇于担责，加强斗争精神和斗争本领养成，聚焦核心主业突出问题和深层次矛盾，敢于亮剑、敢于碰硬、敢于攻坚、敢战取胜，当好"领头羊"情况。政治能力上，重点考察把握全局、防范风险，善于站位全局，政治立场坚定，治企有方、兴企有为，具有忧患意识、风险意识，能够见微知著、防患未然情况。政治自律上，重点考察坚持原则、清正廉洁，时时处处守纪律、讲规矩、做表率，既充分发扬民主、又善于正确集中，持之以恒正风肃纪、廉洁自律，坚决惩治腐败、纠治"四风"情况。

能岗相适，符合事业需要。注重把领导岗位需求与干部专业素养有机结合，综合干部考察、平时考核、年度考核、专项考核、谈心谈话和日常了解，重点分析干部是否具有专业思维、专业能力、专业精神，通过干部与岗位的双向甄选优选，确保人和事的高度统一，选出来的干部符合改革发展新任务新要求的需要。针对业务重组、资源整合落地后，中层领导人员配备总体缺员问题，根据主营业务发展需要及后备干部推荐、干部自身专业等情况，系统研究和提拔重用一大批优秀干部，基本配齐二级单位分管财务或经营工作的班子副职，持续推进二级单位解释评价、党群纪检班子副职的补充配备。

五湖四海，推崇唯贤之风。将"天南地北测井人、五湖四海一家亲"理念深植选人用人工作的方方面面，均衡推进本部部门、二级单位领导班子和干部队伍建设，不分地域、不分单位，不论亲疏、不搞宗派，把优秀干部初始人选与区域单位干部配备结合起来，按照工作最需、专业最优选干部配班子，营造良好选人用人风气。注重加强班子功能建设，细致分析每个班子运行情况，确保选配的干部能力结构与肩负职责相适应、性格结构与团结氛围相适应、气质结构与从事工作相适应，做到专业优势互补、性格气质相融，最大化发挥班子整体功能。

实干担当，树立鲜明导向。坚持用人导向与担当实绩相统一，公平公正对待每一位干部，把敢不敢扛事、愿不愿做事、能不能成事作为识别评判干部的重要标准。重点考察干部干得怎么样、能力强不强、品德行不行、肩膀硬不硬。重点关注在生产经营一线、技术研发、困难艰苦地区真抓实干的干部，在重大项目、重点工程、重要任务中做出突出贡献的干部，面对困难压力勇挑重担、不讲条件、善作善成的干部，让能干事者有机会、干成事者有舞台。

（二）"育"好干部：思想淬炼、政治历练、实践锻炼、专业训练

认真落实党中央就加强和改进干部教育培训工作提出的一系列新理念新思想新要求，针对《干部教育培训工作条例》要求和部署，加强各层级干部教育培养，让干部在持续终身的思想淬炼、政治历练、实践锻炼、专业训练中全面增强履职本领。

思想淬炼，坚定理想信念。坚持把学懂弄通做实习近平新时代中国特色社会主义思想作为干部教育培训的主题主线，建立以学铸魂、以学增智、以学正风、以学促干的长效机制。深入持久开展党史、新中国史、改革开放史、红色石油史学习教育，围绕新修订《中国共产党纪律处分条例》深化党纪学习教育，总结形成中油测井党内集中学习教育工作规范，引领干部凝心铸魂、筑牢根本，以更佳姿态奋进新征程、建功新时代。精心设计举办各类国学讲座，吸

慧眼识藏　深地逐梦
中油测井现代企业管理知行体系探索与实践

引干部徜徉传统文化宝库，汲取优秀政德智慧，涵养优良正派作风。举办《学习国学 提升素质 增强能力 促进工作》《学习国学知识 弘扬传统文化 推动世界一流测井公司建设》等系列课程，用中华优秀传统文化蕴含的治国理政思想理念和科学思维方法，引导干部提升公司治理、基层管理和解决现实问题能力。

政治历练，磨炼顽强意志。"宰相必起于州部，猛将必发于卒伍"[1]。把政治历练贯穿干部成长全周期，实施递进式培养、多岗位历练，教育引导干部树立正确的权力观、政绩观、事业观，不断提高政治判断力、政治领悟力、政治执行力。有计划地把干部放到西部新疆、青海等偏远地区，业务重组、资源整合、深化改革单位任职，磨炼意志本领，增强干劲韧劲；把干部配到矛盾集中、问题突出、关系复杂、陈账较多的二级单位和业务领域，强化斗争精神和斗争本领养成，提高统筹协调、驾驭全局、组织动员能力；把干部下沉疫情防控、抢险救灾、驻村帮扶、维稳防恐第一线，引导干部站稳人民立场，提高宣传群众、动员群众、组织群众、造福群众能力。注重在重点单位扭亏脱困、重要科研项目攻坚、重大风险防控处置中考验干部的政治意识、政治担当，在自立自强自律中淬炼党性、本领和作风。

实践锻炼，增强斗争本领。"路不险则无以知马之良，任不重则无以知人之德"[2]。统筹推进不同岗位、单位之间干部交流，促进文化融合，改善班子结构，让干部经风雨、见世面、壮筋骨、长才干。2021 年以来交流中层领导人员累计占到总数近一半，高于中国石油比例要求。建立干部人才双向挂职制度，遴选两批次年轻干部，采取蹲苗式、历练式、轮训式、拓展式和攻坚式五种方式，跨单位、跨领域、跨专业开展挂职交流锻炼，进一步丰富工作阅历，培养储备复合型人才。积极参与共青团西北协作区"青马工程"两期联合培训，涌现出 10 名优秀学员，形成 16 篇优秀论文成果。实施乡村振兴驻村挂职

---

[1] 高华平等译注. 韩非子[M]. 北京：中华书局，2015 年 1 月.
[2] 唐宇辰，徐湘霖译注. 申鉴中论[M]. 北京：中华书局，2020 年 8 月.

锻炼专项计划，全面完成第一书记、工作队员的到期轮换和持续选派。

专业训练，提升业务能力。强化党校培训教育主阵地作用，从发挥培训资源、组织保障、数字化优势方面，探索提升党员干部"七种能力"的有效路径。实施干部素质提升"赋能计划"，举办各类管理业务培训，将知识结构改善、能力素质提升融入干部成长全过程，分类分级抓好二级正职领导本领提升、二级副职管理本领提升、青年骨干管理基础塑造、全岗位序列能力素质提升、专业知识能力更新等培训。连续4年举办"开年第一班"，面向全体中层干部、基层干部讲形势、摆任务、教方法、作指导，提振干部员工干事创业精气神，奠定实现全年目标坚实基础。利用世界一流大学顶尖教育资源不断壮大人才战略资源和干部接替力量，2023年、2024年两次依托清华大学实施青年骨干培训项目，以"人生六立""国学智慧与企业治理"为开班"第一课"。

（三）"管"好干部：建立机制、严管厚爱、激励约束、考核评价

坚持党管干部的原则，健全干部管理监督机制，做到顶层设计与动态优化、严管与厚爱、激励与约束、多维考核与精准画像相统一。承担《中国石油党员干部始终保持干事创业精神状态研究》课题荣获集团公司2023年度优秀党建研究成果一等奖。

建立机制，严格选拔任用。先后出台和修订多项管理制度、办法，规范选拔任用工作过程环节，强化纪委全流程监督。严肃整治基层选人用人突出问题，全面完成中国石油党组巡视反馈选人用人问题的整改销项。实施经理层任期制和契约化管理，完成首轮任期考核，经理层成员全部纳入管理。推行《中层领导班子和领导人员综合考核评价办法》《管理人员考核退出实施细则》，加强考核结果应用，精准高效推进干部能上能下，形成优进劣汰良性机制。

严管厚爱，兼顾刚柔并济。突出"一把手"监督重点，通过信访分析研判、严格责任考核、提醒警示约谈、问题整改督查、定期查验督效等方式，督

慧眼识藏　深地逐梦
中油测井现代企业管理知行体系探索与实践

促"关键少数"严以律己、严负其责、严管所辖。严格执行干部回避管理规定、中层领导人员离岗外出、因私出国（境）等有关管理办法，加强基础信息采集更新运用，建立档案管理岗协同考察工作机制，不断夯实干部日常管理监督工作基础。《以点带面打好干部管理监督"组合拳"》入选中国石油三项制度改革百篇案例。认真落实"三个区分开来"，规范运用"四种形态"，制定完善《关于激励干部担当作为干事创业的意见》，加大容错纠错、澄清正名等工作力度，为敢干事、真干事、干成事的干部撑腰鼓劲。对长期扎根基层一线、异地交流、在艰苦地区和海外工作的干部，给予支持保障政策倾斜，让干部安心、安身、安业。

激励约束，鼓励担当作为。明确任期考核结果与中层领导人员任用、绩效奖金等挂钩，从严把握任期"优秀"等次比例，对30名首个任期考核结果为"优秀"的干部额外给予绩效奖励。率先建立并完善经营管理序列岗位层级管理制度机制，推动管理、技术序列转换，选聘企业首席专家、一级工程师、重大科研项目长。创新提出"技术领衔团队"建设思路，在服务、制造类单位，实行党委领导班子与技术领衔团队"双轨"运行机制，将40名中层级专业技术人员纳入团队管理，在技术人才、管理干部间搭建起一座岗位交流的"桥梁"，实现横向转化和纵向晋级的发展通道。研究制定《关于进一步发挥公司退出中层领导岗位人员作用的意见》，切实为退岗干部担当作为、发挥作用提供了重要平台。

考核评价，敦促持续提升。认真落实中央有关精神和中国石油党组工作部署，坚持精准科学、客观公正、简便有效的原则，在总结成熟有效做法、借鉴内外部成功经验的基础上，针对本部部门、二级单位领导班子和领导人员年度和任期考核，进一步优化考核指标设置，加大业绩考核权重，调整测评主体权重，改进测评计分方法，强化考核结果应用力度，更加精准区分优劣、奖优罚劣，更大力度激励担当、促进发展。

（四）"用"好干部：搭建平台、知人善任、用当其时、尽展其才

习近平总书记指出，坚持正确用人导向，要努力做到选贤任能、用当其时，知人善任、人尽其才，把好干部及时发现出来、合理使用起来[①]。中油测井始终以正确用人导向引领干部干事创业，确保干部在最合适的时机和岗位上发挥效能，推动事业发展与干部队伍建设深度融合。

搭建平台，加强战略供给。制定企业家战略预备队培养开发计划，在推进改革发展、攻坚啃硬中培育和发现具备企业家特质和潜力的好苗子。滚动建设优秀年轻干部储备体系，接替、战略接替队伍由公司党委建立并掌握，预备、战略预备队伍由各单位党委建立。按照"近期使用、轮岗锻炼、墩苗培养"三级成熟度排序储备，优先推荐参加青马工程、研学进修、能力提升、重点培训、交流锻炼，优秀年轻干部储备近500人。在全公司范围内公开遴选部分三级副职岗位，掌握一批一线生产经营管理岗位接替力量。成熟优秀年轻干部供给相对不足、年龄结构存在系统性矛盾、素质全面过硬的正职接替人员偏少等问题得到有效解决。

知人善任，做到用长避短。建立健全干部识别选拔机制，采取竞争选聘、公开遴选、公开招聘等方式选拔最合适的干部，确保选出的都是在本业务领域能力突出、实绩显著、符合人岗相宜选配原则的干部。做好领导班子和领导人员考核结果应用，对综合考核结果排名靠后的班子、个人进行集体约谈，帮助分析查摆原因，鞭策督促整改。对排名末位的领导班子与队伍建设进行专项调研，重新评估其胜任力和岗位适应性，根据评估结果，对班子成员进行公司范围内的职务调整，使其在合适的岗位发挥作用。

用当其时，优化年龄结构。中层干部、基层干部坚持"三个三分之一"梯

---

① 习近平.建设宏大高素质干部队伍确保党始终成为坚强领导核心[N].人民日报，2013年6月30日（1）.

次配备思路,班子平均年龄偏大的优先补充年轻干部,本单位缺少成熟接替人选的优先交流选配年轻干部,优先使用具有基层带队伍经历的年轻干部。统筹班子老中青梯次搭配,合理规划干部任期,以"鲶鱼效应"增强干部队伍活力,调动各年龄段干部积极性。推动二级、三级干部"阶梯式"刚性提前退出岗位,依据考核结果强制分布,加快"盖层"衰减进度;每年拿出1/3以上岗位选拔配备优秀年轻干部,实现干部、人才互认对应各层级及专业一致(或相近)的从业经历和资历,提高"断层"接续、"储层"涵养速度,年度刚性退出与拓展新增岗位资源比达到3∶1。

尽展其才,促进磨砺成长。坚持使用就是最好的培养,注重把干部放在吃劲岗位上经风雨、练本领、长才干,在中心工作上练绩、在急难工作上练心、在基层工作中练能,引导鼓励干部做一专多能、一岗多通、一才多用的复合型干部,使干部始终在最合适的岗位上最大化发挥价值、拓展提升,形成人才辈出、人尽其才、才尽其用良好局面。

三、人才工程:知人善任、唯才是举

"十四五"以来,中油测井准确把握中国石油党组人才强企工程部署要求,以工程思维推进八类关键人才提升专项工程,持续增强队伍实力、组织活力、产出效力,全面提升人才价值,壮大"一流人才"队伍。

(一)市场开发人才

贯彻"市场导向、客户至上、一体协同、竞合共赢"的市场营销工作理念,着力培育一批"素质高、能力强、闯劲足"的市场开发人才。发现、锻炼和使用善沟通、能开拓、强应变的适合开拓市场的技术骨干,面向国际人才公开选聘海外市场专员,科学配置512人市场开发人才队伍。完善两级市场培训体系，突出商务经营、技术工艺、客户管理、市场研判、营销实战等"训战"结合育才模式，加快向复合型市场人才转型。精准激励市场开发人员面向竞争性市场、海外市场和中高端业务闯市场、增效益。

（二）企业管理人才

聚焦增强"八大本领"[①]、提高"七种能力"[②]，着力锻造两级领导班子，培育一批"懂技术、善管理、会经营"的企业管理人才。持续完善班子专业结构，熟悉主要业务班子成员占比不低于 2/3。按照"宜专则专、宜兼则兼"原则，全面配备技术服务单位总地质师、总工程师和物装制造单位总工程师，加强各单位经营管理力量。将技术总师作为专家、一级工程师补充重要来源。系统推进各专业领域干部知识能力更新提升培训，参与中国石油党校班、中青班、青马班等重点班次调训。

（三）科技创新人才

聚焦测井科技前沿、关键核心、基础研究、转化应用，助力打造测井原创技术策源地和现代产业链链长，着力培育一批"肯攻坚、有韧劲、能奉献"的科技创新人才。累计引进"高精尖缺"人才 121 人，"揭榜挂帅"公开招聘十大科研项目 7 名项目经理、28 名课题经理，组建 13 个技术领衔团队、11 个科技创新团队，形成了由院士工作站、15 名国务院政府特殊津贴获得者领衔的科技领军人才队伍。

[①] 八大本领：学习本领、政治领导本领、改革创新本领、科学发展本领、依法执政本领、群众工作本领、狠抓落实本领、驾驭风险本领。
[②] 七种能力：政治能力、调查研究能力、科学决策能力、改革攻坚能力、应急处突能力、群众工作能力、抓落实能力。

（四）解释评价人才

围绕快速解释、精细评价、综合研究三个层级绘制人才成长素质模型，加大领军型、复合型、青年人才培养力度，着力培育一批"立得住、叫得响、过得硬"的解释评价人才。依托油田联合研究中心安排解释评价人员常态化靠前驻点服务，开展以现场锻炼、能力提升、油田认可为目的跨区域交流培养。在地质研究院集中管理解释评价方向高级专家，强化区域负责、专家轮值、集智攻关，打造60人规模重点井新技术处理解释中心人才团队，储备油藏三维地质建模人才14人，形成地质工程一体化团队10人。制定重大专项和科技成果奖励机制，设立测井解释评价年度勘探开发突出贡献奖。

（五）专业技能人才

聚焦知识更新、能力提升、数字化转型、智能化发展、用工方式转变，着力培养一支"勤钻研、有绝活、肯吃苦"的高技能人才队伍。调整优化技能人才九级晋升体系，推行技能等级晋级和等级资格晋级双线晋升，建立"成熟、后备、接替"三个梯次技能专家队伍，打造技能专家工作室8个、技能人才创新团队10个，储备"工程师＋技师"型人才186人。承办中国石油首届技术技能大赛，组织参加中国石油第二届创新大赛，荣获团体奖5项、个人奖27项，获评团体一等奖和优秀组织奖。推荐优秀人才参加"石油名匠""集团公司技术能手"和"铁人班组长"评选表彰。

（六）国际管理人才

以中方员工"全面化"、本土员工"专业化"为目标，着力培育一批"站位高、视野广、谋划远"的国际管理人才队伍。建立国际化人才培训及认证体系，打通海外培训晋级体系与国内专业技术岗位任职体系，加快培养海外领军人才、高端商务和管理骨干。制定《国际化人才战略储备方案》，分类组织通用业务、海外项目管理、技术提升、岗位实操等培训，累计储备213人、派出25人，社会招聘补充6名海外紧缺人才。实行用工指标返还、按定额标准核定借聘费用等激励政策，调动各单位积极支持国际业务。

（七）青年后备人才

按照立足长远、统筹谋划、综合施策的原则，提出加快培养青年后备干部、大力培育青年技术人才、精准储备青年技能骨干、持续实施精准补充计划、加大西部地区人才配置、强化共青团组织育才荐才等6个方面措施，着力培育一批"政治强、本领高、作风硬"的青年后备人才队伍。到2025年，培养储备250名35岁左右三级领导人员，培养储备400名二级工程师、1600名三级工程师，年均引进160名高校毕业生精准补充到核心关键岗位。

（八）双碳三新人才

紧密对接中国石油"三新"业务发展规划和新项目实施计划，统筹规划"双碳"人才和"三新"人才队伍建设，培育储备一批"不畏难、敢创新、思维活"的业务拓新人才。组织参加行业内外"三新"业务培训及学术技术交流，宣贯培训累计覆盖4000余人次。组建由公司领导班子成员带队的"新业务拓展专班"，依托各单位发展"数字测井"融合团队，向社会招聘"三新"方向创新基金项目经理。组建专门综合队、多功能队，加速培育可燃冰、CCUS等新领域测井采集及解释评价复合型技术应用队伍。用好中国石油"三新"培养政策，提前储备新材料和绿色能源领域高层次人才，重点引才相关专业硕博研究生30人，联合重点院校"订单式"培养在职工程博士。

四、创新机制：生聚理用、人才辈出

深化人才发展体制改革，全面提升人力资源价值，构建完善"生聚理用"人才成长机制，加快建设测井行业人才高地和吸引集聚人才平台，努力把人才这个企业最主要的资产经营好、管理好，增强企业核心竞争力（见图9-4）。

图 9-4　中油测井"生聚理用"人才成长机制

（一）精准培养，"生才"有道

强化青年技术人才培养储备。滚动实施青年技术人才培养计划，每年选拔30人进入培育计划，突出个性化培养和滚动开发，储备"集团公司级＋公司级"青年科技人才，为打造百人以上专家队伍储备力量。充分发挥专家帮带作用，将青年人才培养成效纳入专家聘期管理，在研究与实践中快速成长。定期举办公司青年骨干培训班、青年学术论文交流会、青年讲师团活动，依托"青马工程""卓越工程师""石油名匠"等平台培优举贤。

培养全能复合型操作工程师。每年拿出约50%高校招聘指标用于招聘关键核心岗位操作工程师,实行管理权、用人权分立,统一纳入操作工程师管理中心集中管理,形成国内区域稳定流动机制,在不同地域环境锻炼提高综合素质,实现集中培养、跨区流动、共享共赢。设计入职培训、实习锻炼、独立顶岗、带队管理四个阶段,明确包括理论成绩、技术能力、创新能力、综合能力和工作业绩等指标的五级晋级体系,制定五年全能型培养计划,建立人力资源部、培训中心、用人单位三方联动机制,选派优秀作业队长进行"一对一"培养。

推进技能人才晋升成长。持续完善主体工种技能人才培养、评价、选拔和使用机制。加强与中国石油、陕西省职业技能鉴定机构的业务沟通,开展职业技能认定培训"学分制"和"双师制"试点。结合测井事业发展需要,持续推进技能晋级计划、创新创效能力提升计划和"石油名匠"培育计划落地实施。公司获评集团公司"十三五"技能人才培养开发工作先进单位。

(二)海纳百川,"聚才"有力

雇主品牌广聚英才。提炼雇主品牌核心价值体系,不断扩大测井品牌、测井文化、测井形象的影响力和吸引力,广泛吸引高校毕业生、世界知名大学海归人才、社会高层次人才投身测井事业。全面融入西安国家中心城市建设大平台,参加西安紧缺人才引进巡回招聘、海归人才暨硕士博士研究生系列专场招聘、高新区赴外揽才等重要人才引进活动,借势拓宽人才引进渠道。连续三年组织"测井杯"校园创意大赛,累计吸引40余所全国重点院校优秀人才参与,通过大赛储备重点院校硕博士入职意向人选100余人。成功申请西安交通大学"攀登计划"实践教育基地,为培育心怀"国之大者"的卓越人才和创新人才注入测井情怀。

精准招聘新生力量。聚焦测井产业变革和高质量发展，建立基于有效性分析的人才胜任素质模型，明确关键核心招聘岗位目录，将数学、电子、物理、材料、光学、大数据、智能化等学科列入重点引进清单，采取第三方机构通用能力测试、企业招聘小组半结构化面试、"绿色通道"择优直签等方式，把握基本条件、知识技能等门槛性要求，挖掘能力、特质、动机等鉴别性素质，实现精准评价引进。策划"慧眼识藏、深地逐梦"中油测井进校园系列活动，2023年公司主要领导赴6所重点石油院校开展主题宣讲，累计吸引3000余名院校师生聆听，提升招聘吸引力。

靶向引进高端人才。编制《高层次科技创新人才引进工作实施方案》，制定年薪制、安家费、生活待遇、团队配套等一揽子引才政策。构建中国石油引才平台、中油测井外网、石油引才圈、专业招聘网四维宣传推广阵营，与石油立方联合开展招聘直播。公司主要领导、首席专家亲自与人才面谈交流，实施"一人一策"，建立起部门横向统筹协调、单位纵向上下联动、引进流程务实高效的引才机制。

（三）系统联动，"理才"有方

双序列改革落实落细。分岗位层级及类别构建人才库，注重公司两级专家及一级、二级工程师的人才接替，分专业领域、年龄结构建立后备梯队模型，将同层级生产、科研岗位的管理及技能操作人员纳入，实施动态培养跟踪。试行代表作评价制度，对申报成功国家或集团关键核心重大项目、研发样机成功转化为产品等给予加分。大力实施人才关怀服务，长期开展党委联系服务专家的定期会面、集体谈心等活动，主动邀请专家参与公司人才、科技等重大规划决策。打造科技人才专属荣誉表彰，共评选29名典型个人、5个奋斗团队。

人才成长通道畅通拓宽。打通"三支队伍"跨序列转换通道（见表9-1），建立国际化人才培训及认证体系，打通海外17级培训晋级体系与国内专业技术岗位任职体系。推动专业技术人员合理流动，建立"国内培养、国外使用"的国际化人才交流机制，完善操作工程师"东部培养、西部轮岗"交流机制，加强专业技术人员多岗位、多地域锻炼，开阔视野、增长见识。针对新员工基础培养形成一整套包括制度、运行、保障的培养体系，打造新员工百日培训精品项目，采取上好入门课、实现新转变、走好第一步、配全双导师、开启新模式、把准新方向等举措，引导新员工茁壮成长、迅速接替、独立顶岗。

表 9-1　公司岗位序列转换对应关系表

经营管理序列（M）		专业技术序列（T）		操作技能序列（W）	
岗位层级	层级名称	岗位层级	层级名称	岗位层级	层级名称
M4	公司助理副总师	T4	公司高级专家		
M5	公司本部部门正职、所属单位领导班子正职、海外作业区二级正职			W2	集团公司技能专家
M6	公司本部部门副职、公司本部附属机构正职、所属单位领导班子副职、海外作业区二级副职	T5	一级工程师	W3	公司技能专家
M7-1	公司本部资深高级主管、所属单位助理副总师			W4	资深技师
M7-2	公司本部部门及附属机构一级高级主管、所属单位本部部门正职、所属单位三级单位领导班子正职、海外作业区三级正职	T6	二级工程师		
M7-3	公司本部部门及附属机构一级主管、所属单位本部部门副职、所属单位本部附属机构正职、所属单位三级单位领导班子副职、海外作业区三级副职	T7	三级工程师	W5	主任技师
M8-1	公司两级本部及附属机构二级高级主管				
M8-2	公司两级本部及附属机构二级主管			W6	主管技师
M9-1	公司两级本部及附属机构主办	T8	四级工程师	W7	高级工
M9-2	公司两级本部及附属机构助理主办	T9	五级工程师	W8	中级工
				W9	初级工

全员培训体系有力支撑。坚持"上接战略，下接绩效"培训理念，持续在标准化培训体系建设方面发力。抓实员工教育培训直线责任和分类分级管理，建设统一的组织管理体系、岗位标准化培训体系、培训资源体系、考评晋级体系和证书管理体系。汇编中国石油、公司培训制度，建立"体系＋项目"模式，启动10项教材题库课件开发项目，整理5大类130册培训教材和1597课时特色教学课件。按照"能干＋能讲"考评标准，选聘建立专兼职培训师队伍。找准业务痛点，针对岗位需求，开展订单式课程设计，推行"线上＋线下"融合式培训，利用CPLog仪器装备和仿真模拟手段实现沉浸式实操训练。

（四）创新创效，"用才"有效

工效挂钩实施精准激励。推进薪酬与劳动力市场价位接轨，对市场化引进高层次人才实行协议工资制，实行3年待遇保护期政策。对科技领军人才和团队骨干实行工资总额单列，根据年度综合考核结果实行梯次化年薪。围绕科技创新项目，设置3000万元年度奖励基金，每三年形成总额1亿元的科技创新定向奖励。升级作业队员工单井包干政策，量化考核作业队单井报酬，真正体现多劳多得，主要生产单位一线关键岗位员工人均奖金超过单位人均奖金的1.5倍。

搭建平台推动共享提升。先后承办组织中国石油高技能人才提质增效专项行动推进活动，承办专业技术岗位序列改革工程技术企业经验交流座谈会、中油技服三项制度改革交流座谈会，充分学习借鉴先进标杆经验。邀请院士进测井、中国石油专家咨询会诊，打开科技人才创新思路。坚持"筑巢引凤"与"就地取才"并重，利用院士工作站、博士后科研工作站、各油田联合研究中心和公司"两院一中心"、各类科技创新平台，加快技术人才流动、技术共享、作用发挥、锻炼提升，构筑测井人才高地（见图9-5）。

践行篇 | "选贤任能"的队伍建设

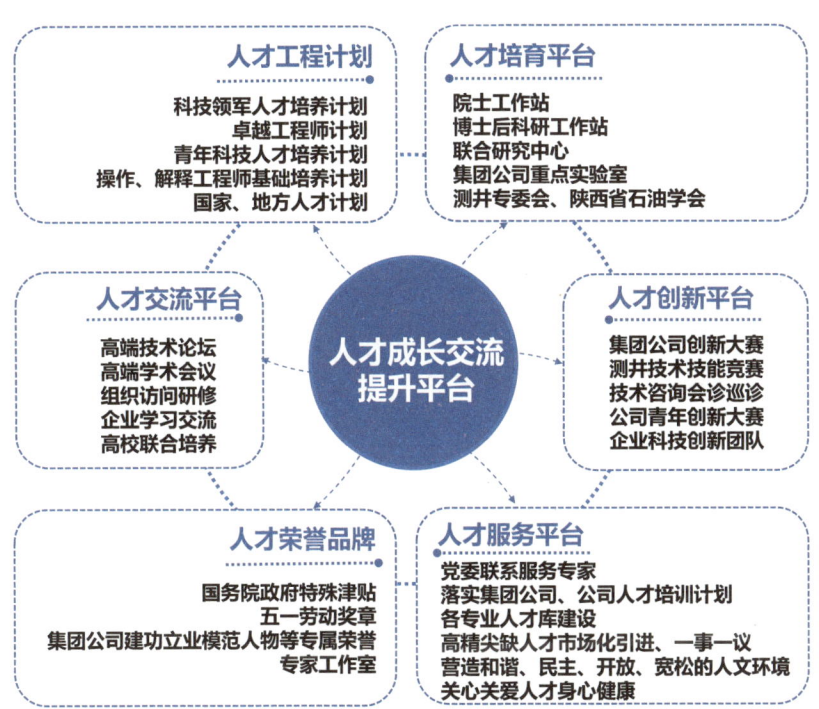

图9-5 中油测井多维度搭建人才成长交流提升平台

聚焦主业深化价值创造。坚持服务发展,围绕支撑勘探突破、效益开发等油田核心技术需求,着力打造具有自主知识产权的CPLog测井装备和CIFLog软件平台,公司层面参与相关科研项目千余人次以上。融入基层一线,注重从生产一线培养、历练人才,专家"脱下西装、换上工装",深入基层、深入现场,让专家看得到问题、问题找得到专家。研究制定新毕业大学生赴一线靠前工作政策,在找油找气的最前沿啃"硬骨头",形成了各类专家成长在一线、一线造就人才的人才发展机制。

慧眼识藏　深地逐梦
中油测井现代企业管理知行体系探索与实践

"贤良之士众，则国家之治厚"①。中油测井尊重人才成长规律，通过组织体系的持续优化、干部队伍的严格管理、人才工程的深入实施以及创新机制的不断探索，用测井精神吸引、发掘和培养出具有"慧眼"特质的测井人才，形成人人渴望成才、人人努力成才、人人成才有道、人人才尽其能的良好局面，为测井事业发展打牢高质量的干部和人才基础。

---

① 方勇译注. 墨子[M]. 北京：中华书局，2015年3月.

第十章 "崇德广业"的文化建设

文化建设是企业核心竞争力和核心功能的构成要素。建设世界一流企业，必然要求一流企业文化来引领和支撑。中油测井坚持以习近平文化思想为指导，落实中国石油文化引领战略举措，培育践行社会主义核心价值观，传承弘扬中华优秀传统文化，学习实践现代企业先进管理思想，弘扬石油精神和大庆精神铁人精神，积极推进新时代测井文化建设。运用"慧眼"识别优秀传统文化、红色石油文化、测井专业文化、先进国际文化中的宝藏精华，博采众长、求同存异、守正创新，构建独具特色的测井文化体系，推进文化系统化落地，面向全球塑造测井品牌形象，坚定履行企业社会责任，引领全体测井人追求仁心、坚守道德理想、增进素养、投身测井事业，崇德广业、德业兼修，不断凝聚起共同推进建设特色鲜明的世界一流测井公司的强大精神动力。

一、文化引领：上下同欲、和谐共创

按照中国石油党组《文化引领专项工作方案》，着力构建测井文化体系，持续丰富测井文化内涵和外延，奠定广大测井员工共同的思想基础和价值追求，全方位引领公司上下目标同向、思想同心、行动同步、标准同度、意志同力。

慧眼识藏　深地逐梦
中油测井现代企业管理知行体系探索与实践

（一）聚焦四个层面，构建文化体系

中油测井在原有测井核心文化的基础上，系统推进新时代测井文化建设工作，采取标杆对照、高层访谈、基层座谈、问卷调查等多种形式，调研行业内外 100 多家单位，坚持守正创新，注重博采众长，构建了以"慧眼识藏、深地逐梦"测井精神为核心，以"优秀传统文化特性、红色石油文化特点、测井专业文化特色、国际先进文化特征"为要素，由精神层、制度层、行为层、物质层四个维度组成的测井文化体系（见图 10-1）。

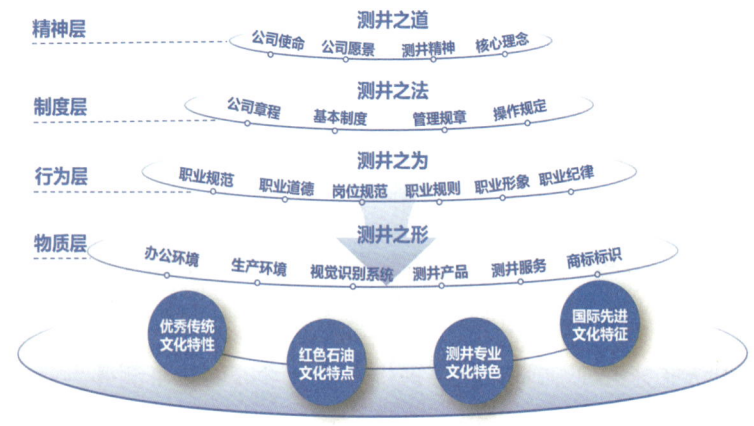

图 10-1　中油测井文化体系

提炼内涵丰富的理念系统。以习近平文化思想为指导，贯彻中国石油、中油技服文化理念，坚持"党建引领、传承历史、紧扣战略、突出特色、讲求实效"五项原则，把握"传统特性、石油特点、测井特色、国际特征"四特要素，总结提炼测井精神、企业使命、企业愿景、核心理念、经营管理策略等公司综合理念，编制发布了《企业文化手册》及英语、西班牙语、法语、俄语、阿拉伯语等语言版本。在此基础上，将文化与业务进一步融合，提炼各具特色的安全文化、合规文化、廉洁文化、国际文化，编辑发布专项文化手册。公司综合文化理念、专项文化理念共同构成了企业文化理念系统。

健全科学完善的制度系统。高度重视企业文化建设工作,把文化建设纳入战略范畴,列入重点战略举措一体推进。印发中油测井《文化引领工作实施纲要》《企业文化建设工作管理办法》,进行顶层设计和系统部署,提升企业文化建设质量。同时,以公司文化理念为指引,健全完善符合测井精神的基本制度、管理规章和操作规定,提高管理的科学化、规范化、法治化、精益化水平。建立公司企业文化建设成效测评体系,检验建设成果,督促改进提升,做到固化于制。

建立规范岗位员工的行为系统。结合测井行业与岗位特色,从职业规范、道德规范、岗位规范、职业规则、职业形象、职业纪律、修身名言等方面总结编制《员工行为手册》,规范员工在不同岗位、不同情境下做人、处事、履职、执业的行为标准。积极开展员工培训、团队建设、节庆活动、公益活动、文体活动等,增强员工对企业文化的认同感和归属感。重视测井英模的选树与宣传,用榜样的行为、态度和成就激励员工积极向上。建立良好团队合作机制,促进交流协作、形成良好工作氛围。

设计标准视觉形象的识别系统。编制《视觉形象手册》,在基础设计系统中,对设计要素、组合形式进行规范;在应用设计系统中对办公、会议、旗帜、户外环境、室内环境、交通工具、产品标志等进行规范;在 CNLC 视觉形象系统中,对涉及 CNLC 的常见场景进行规范。公司层面统一安排,按照企业视觉形象识别系统,对工程车辆、基地场所的企业标识进行系统改造和规范,建立符合企业文化理念的工作环境,广泛向外界输出,展示公司品牌形象,做到外化于形。

(二)把握四大要素,彰显文化特性

习近平总书记曾形象比喻,"文化就像一个绵延不断的河流,源头来自远古,又由许多支流、干流汇合而成。"[①] 中华优秀传统文化、红色石油文化、测

---

① 杜尚泽等. 记习近平主席会见俄汉学家、学习汉语的学生和媒体代表 [N]. 人民日报,2013 年 3 月 25 日.

慧眼识藏　深地逐梦
中油测井现代企业管理知行体系探索与实践

井专业文化、国际先进文化是中油测井文化的活力源泉。在测井文化理念萃取中，牢牢把握这四大要素，不忘源头、广汇支流，在继承中发展、在开放中创新、在引领中前行，着力焕发测井文化的蓬勃时代生命力。

优秀传统文化特性。中华优秀传统文化五千年来蕴含着爱国奋斗、向上向善的文化基因，深深烙印在测井文化之中。中油测井通过传统典籍研读、国学大讲堂、道德讲堂等形式，系统传播中华优秀传统文化，筑牢文化自信根基。大力弘扬讲仁爱、重民本、守诚信、崇正义、尚和合、求大同等重要思想理念，以及自强不息、敬业乐群、扶危济困、见义勇为、孝老爱亲等中华传统美德，建设具有优秀传统文化特性的中油测井文化，使之成为全体中油测井人的精神追求和思想引领，凝聚向上向善的磅礴伟力。

红色石油文化特点。石油精神和大庆精神铁人精神是中华民族精神在石油战线的具体体现，是推动石油事业发展最基本、最深沉、最持久的精神力量。建设中油测井文化，必须坚持守正创新，沿着石油精神这条根脉，不断注入新内涵。在继承"苦干实干""三老四严"等优良传统的基础上，结合当今时代特点、国家需要和中油测井发展实际，把忠诚、担当、奋斗、创新、正气、开放、共享等符合新时代要求的思想观念融入其中，建设具有红色石油文化特点的中油测井文化，在践行中丰富和拓展石油文化的时代内涵和外延，使石油精神更具时代性、生命力和感召力。

测井专业文化特色。测井行业独特的历史背景、发展轨迹、技术特点和职业规范，是测井人思想、情感、价值认同的关键。测井行业矢志不渝听党话、跟党走，胸怀报国之志、恪尽兴油之责，在奋发图强、攻坚克难中自主研发测井装备和先进技术，成为"深地探宝的眼睛"，将深埋地下的油气储层看清、看准、看全。测井作业点多面广，测井人四海为家，形成了苦干实干、专业专注、能征善战、团结奋进、敢为人先的优良传统。找准测井行业自身特点，吸收熔炼天南地北测井优秀文化因子，测井文化才能转化为推进测井事业发展的强大动力。

国际先进文化特征。坚持国际视野、国际思维和国际标准，是中油测井走向国际、志创一流的战略要求。对标斯伦贝谢、哈里伯顿、贝克休斯等行业领先企业，吸纳借鉴国际先进公司的文化理念，按照国际标准建设具有国际文化特征的中油测井文化，保持文化先进性，在国际市场形成影响力和传播力，打造行业内外、四面八方广泛认可的软实力，不断提高企业国际化水平，中油测井更加从容自信迈向更为宽阔的世界舞台。

（三）赓续石油精神，淬炼测井之魂

一个国家、一个民族不能没有灵魂，一个组织、一个企业也不能没有精神支撑。石油精神以大庆精神铁人精神为代表，以"苦干实干""三老四严"为核心，是石油企业的灵魂所在和精神支柱。中油测井始终把传承石油精神和大庆精神铁人精神作为神圣使命和历史责任，汲取中华优秀传统文化，深挖测井行业的价值追求、先进思想与精神作风，凝结升华出"慧眼识藏、深地逐梦"测井精神，将之作为测井之魂，并归纳总结为四个维度。

探微穷理、勇攀高峰的"慧眼"精神。测井被喻为"石油勘探开发的眼睛"。中油测井坚持自主创新，抢占科技竞争和未来发展制高点，敢于研究新技术、探寻新路径，矢志不渝擦亮"慧眼"、发现油气"宝藏"，全力推进高水平测井科技自立自强。

刚健有为、奋进不息的"车轮"精神。测井人被称为"车轮上的石油工程师"。中油测井人常年奔波于找油找气的路上，常年奋战在施工作业的车上，犹如坚实的车轮，日复一日、年复一年地脚踏实地、发奋进取，勇担使命、滚滚向前。

胸怀世界、敢为人先的"先锋"精神。射孔技术是中油测井走向国际的"先锋"。中油测井人胸怀国之大者，立足企之要情，对标一流、赶超一流，当好油

气、资源勘探开发的"排头兵",争做改革创新和高质量发展的"先行者"。

兼收并蓄、开放包容的"和合"精神。中油测井始终坚持"和而不同""求同存异"。倡导跨地域、跨文化、跨民族、跨国别融合,建立"五湖四海、共商共建、合作共赢"的发展共同体和测井创新生态圈,汇聚全社会智慧力量建设现代化测井产业。

测井精神高扬"我为祖国献石油"主旋律,凝练了奋进一流的理想与追求、脚踏实地的担当与奋斗,全体中油测井人以测井精神为引领,同心同力、奋勇向前,致力攀登测井科技高峰,做强做优做大测井事业。

(四)明确使命目标,坚定测井之道

道以明向,使命、愿景等核心理念为企业发展指引方向、明确目标。中油测井深入贯彻落实习近平新时代中国特色社会主义思想和党的二十大、二十届二中、三中全会精神,认真践行社会主义核心价值观,着眼国家战略需求和能源安全核心需求,落实中国石油党组关于建设特色鲜明的世界一流测井公司的要求,以公司使命明确存在价值,以公司愿景绘制未来蓝图,以核心理念塑造精神内核,三者相辅相成,共筑中油测井的精神根基,照亮中油测井的发展道路。在此基础上,制定了"市场导向、创新驱动、精益管理、人才强企、数字转型、国际发展"六大发展战略,进一步清晰了发展路径,指引中油测井在复杂多变的环境中保持定力,向共同目标勇毅前行,助推公司行稳致远。

(五)融入经营管理,推动业务提升

聚焦公司改革发展中心工作,将测井精神和企业使命、愿景、核心理念、发展战略融入生产经营全过程各环节,系统总结提炼形成了"世界眼光、国际标准、测井特色、高点定位"的经营管理策略,以及"人才创建事业、事业造就人才、企业依靠人才、人才忠诚企业"的人才强企观,"面向国家战略、面

向市场需求、面向科技前沿、面向绿色发展"的科技创新观,"市场导向、客户至上、一体协同、竞合共赢"的市场营销观,"以人为本、质量至上、安全第一、环保优先"的质量健康安全环保观,"法律至上、合规为先、诚实守信、依法维权"的依法合规观,"严于律己、清正廉洁、忠诚干净、实干担当"的廉洁从业观等细分理念。引领全体测井员工解放思想、更新观念,在具体工作中更好地践行企业文化理念,推进公司治理体系和治理能力现代化,推动公司战略目标任务落实落地,全方位立体式实现高质量发展。

二、文化落地:外化于行、和为共进

企业文化唯有落地,转化为员工的行为,才能具有持久的生命力,促进企业高质量发展。中油测井健全完善"宣贯体系化、内容可视化、典型故事化、评估制度化"的文化建设落地机制(见图10-2),通过实施文化落地"四化",

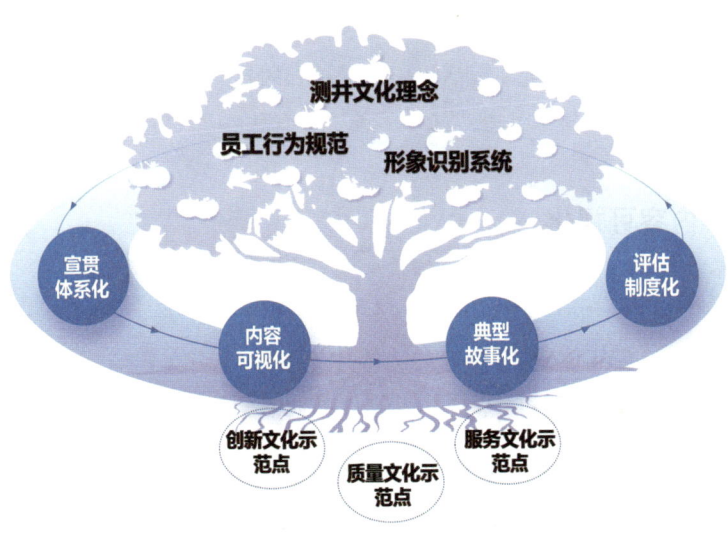

图10-2 中油测井"四化"文化落地机制

慧眼识藏　深地逐梦
中油测井现代企业管理知行体系探索与实践

将测井文化内化于心、外化于行，让员工自觉成为企业文化的认同者、践行者、传播者。

（一）宣贯体系化

发布宣贯。以现场和视频形式，正式发布新版《企业文化手册》《员工行为手册》《视觉形象手册》；应用OA系统发布，方便员工随时查看测井文化相关内容，收集员工关于企业文化的意见看法；在公司网页开辟线上专栏，结合公司发展历程、成就荣誉、生动事例、员工风采等，撰写解读文章；印发纸质手册，在送达本部各部门、所属各单位的基础上，呈送上级单位，赠送客户、合作伙伴等，在年会、庆典、展会等重要活动中发放手册。培训宣贯。公司领导以身作则、带头宣贯，先后举办中层干部培训班、国学大讲堂、主题教育专题党课、外籍员工企业文化讲座等，持续宣贯测井文化。活动宣贯。举办道德讲堂，通过故事讲述、理论阐释、案例分享，用职业道德、社会公德、家庭美德提升员工道德素养；组建东部、西部两支特色鲜明的文化小分队，将测井文化的温暖与力量送达一线；策划科普作品征集、测井科普讲述、特色技术宣讲等活动，向石油高校、中小学师生等传播测井技术与测井文化。

（二）内容可视化

视听内容丰富。将测井文化融入技术宣传册、技术服务手册、纪念画册等的设计制作，拍摄年度业绩中英文宣传片，展示公司文化与成就；充分利用"中油测井"与"青春测井"两个微信号，创作展示企业文化理念的融媒体视频。科普展示形象。建成集测井技术科普和文化形象展示于一体的测井展厅，获评中国石油石油精神教育基地、科学家精神教育基地，中国石油学会科普教育基地，陕西省石油学会科普教育基地，西安市高新区新时代文明实践基地，助力社会大众了解石油工业、测井技术和测井文化理念；举办劳动竞赛、技能大赛、文体竞赛等，在奋勇拼搏、精益求精中推动企业文化落地生根、开花结果。规范办公环境。按照视觉形象识别系统，规范公司标志使用，营造专业、有序的办公环境。多元展示文化。设置测井精神印章石、CNLC美陈、文化走廊、文化雕塑、宣传橱窗等，对公司的使命、愿景、核心理念、测井精神等进行宣传，各类型文化"景观"随处可见。塑造整体形象。应用公司统一设计的产品标识、办公用品、员工服装，展现中油测井精神风貌，塑造和谐统一、专业高效的整体形象。

（三）典型故事化

大力宣传标杆典型事迹，围绕以全国劳动模范李鹏、全国优秀党务工作者张自亮、感动石油人物张炳军、石油特等劳模谢小丽等为代表的优秀典型，通过公司网页、官方微信公众平台、融媒体平台，广泛宣传其彰显责任、担当与奉献的事迹，激发广大员工的荣誉感和使命感，形成比学赶超、争先创优的良好风尚。组织劳模表彰大会、劳模故事大赛、青年奋斗故事演讲。连续两年参加全国品牌故事大赛，荣获全国总决赛一等奖和二等奖。加强标杆典型选树培育，各单位分类别培养"看得到、摸得着、信得过、学得到、做得来"的标杆典型，通过开展经验交流、表彰大会、轮岗锻炼，不断激发先进典型的自信和潜能，在此基础上深入挖掘标杆人物独特的精神品质，提炼专属"标签"，讲述典型故事，丰富企业文化传播元素。

（四）评估制度化

修订完善制度流程。以测井文化为重要指导，定期梳理和完善各项管理制度与业务流程，避免制度条文或业务流程与企业文化不匹配，实现文化"固化于制"。建立企业文化建设评估激励机制，设置基础工作、建设推进、打造精品、宣传推广、保障机制等五大类 20 项评价指标，动态调整考核评价要素与权重，按年度开展对各单位文化建设情况的考核评价。通过表彰先进、激励后进，不断激发全体员工参与文化建设的积极性和创造性，形成共筑文化高地的良好氛围，推动企业文化建设持续优化与提升。严格执行制度规范。"天下之事，不难于立法，而难于法之必行"[①]。公司严格执行各项制度规范，对符合制度奖励的行为及时激励，对违反制度规定的行为持"零容忍"态度。协同落实文化职责。各单位、各部门加强沟通，发挥协同效应，积极履行文化建设职责，实现文化"实化于行"。

三、品牌建设：价值创造、和质共荣

世界一流企业必须有世界一流品牌。中油测井贯彻习近平总书记关于品牌工作的重要指示，落实中国石油和中油技服工作部署，实施品牌打造工程，紧扣品牌评价质量、创新、服务、有形、无形"五大要素"，围绕知名度、美誉度、忠诚度"三大维度"，从顶层设计、品牌培育、品牌传播等方面扎实推进品牌建设，努力打造管理科学、贡献突出、价值领先的卓著品牌，为建设世界一流企业提供坚实支撑。

（一）优化顶层设计，确立品牌新路径

编制品牌建设规划。将品牌建设融入公司"十四五"发展规划，品牌一流列入"七个一流"目标，品牌打造工程列为测井业务"十大工程"，以品牌建设为抓手，推进"国际发展"战略落实落地。在系统梳理品牌发展情况、对标分析品牌建设差距、综合研判品牌发展形势的基础上，编制

---

① 张居正. 张居正全集 [M]. 武汉：崇文书局，2022 年 7 月 .

《"十四五"企业品牌建设规划》《品牌建设实施方案》《新时代品牌引领行动实施方案》,明确品牌建设的总体和阶段目标,清晰品牌建设路线、重点工作及保障措施,坚持品牌建设与业务发展同频共振、深度融合、相互赋能(见图10-3)。

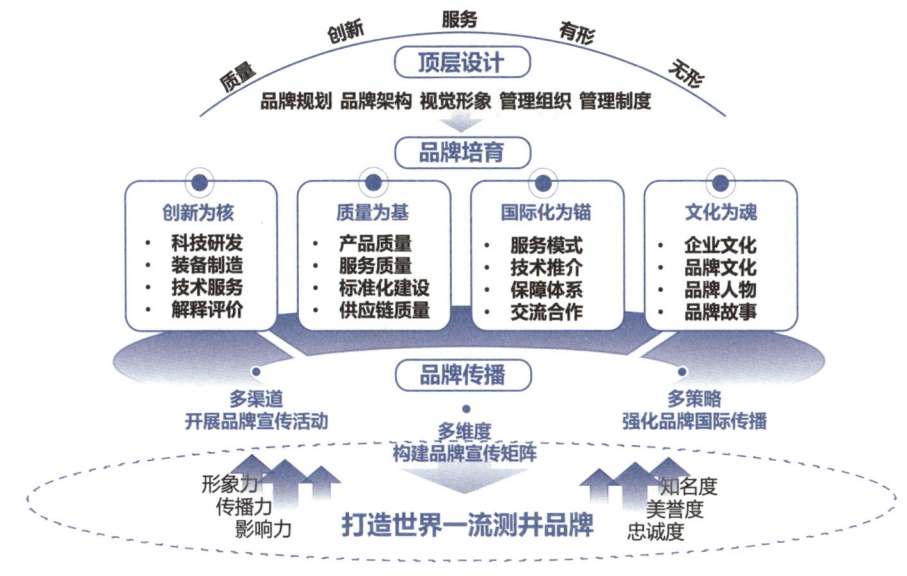

图 10-3 中油测井品牌建设路径

搭建三级品牌架构。基于业务布局和市场竞争需要,构建起涵盖企业、技术、服务、产品等的三级品牌架构(见图10-4)。以企业品牌为一级品牌,将原公司名称"测井公司(CPL)"调整为"中油测井(CNLC)",属中油技服三大工程技术品牌之一。宝石花与"中油测井"组合标识,主要应用于国内市场;"CNLC"更新标识,主要应用于国际市场。以技术品牌和服务品牌为二级品牌,技术品牌下设CPLog成套装备、CIFLog软件两个系列;服务品牌直接使用公司品牌背书,即"中油测井"和"CNLC"。以产品品牌为三级品牌,技术品牌各系列下按产品类型独立命名,如"CPPerf"先锋射孔弹、"iWAS"地面系统等。及时完成商标更新、注册与应用授权，三级品牌相得益彰，促进品牌效益最大化。

图 10-4　中油测井品牌架构

健全品牌管理组织。公司党委"一盘棋"统筹抓品牌建设，推动全员品牌建设责任落实。成立品牌管理委员会，公司领导挂帅，本部各部门负责人及品牌专家担任委员，负责品牌建设顶层设计、统筹部署及重点任务推进，职能管理部门负责品牌建设日常工作和各单位沟通协调。结合本部各部门职能分工，进一步明确企业品牌、技术品牌、服务品牌、产品品牌、雇主品牌等具体建设、宣传和维护职责，形成统筹协调、齐抓共管的协同工作机制。所属各单位建立相应工作机构，加强组织领导，形成上下联动、整体推进的品牌建设合力。

统一品牌视觉形象。将品牌标识的规范使用作为塑造品牌形象的重要手段，印发《视觉形象手册》，出台标识使用实施细则，规范产业化园区、科研楼、产业化大楼及二级单位、基层单位的标识系统，焕新工装、办公用品、车辆设备等外观形象设计，突出会议活动品牌形象模板、展示物品、用品等外观形象展示，更新公司中文内外网、英文网站、手机端网页、电子邮件、桌面操作系统等标识系统，规范编制公司中文及多语种产品目录、技术服务手册、品牌宣传片及宣传手册。通过系列举措，确保品牌一致性，促进品牌形象升级。

完善品牌管理制度。制定印发《品牌管理办法》《品牌建设先进奖励管理办法》《数据信息分析管理制度》等品牌管理核心制度，保障品牌管理顺畅运行。建立品牌建设例会制度，按年度召开工作会议，梳理下发年度品牌建设要点，按月度召开推进会，压茬推动各项品牌建设重点工作落实落地。编制《品牌培育管理体系》，根据企业品牌培育国家标准，结合公司品牌架构和发展实际，明确了"科技创新引领企业发展，品牌价值造就行业未来"的品牌培育总体方针和目标。

（二）加强品牌培育，提升品牌竞争力

创新为核，释放品牌动能。坚持技术立企，将科技创新作为培育强势品牌的核心动力，聚焦关键核心技术的突破与创新，形成技术驱动品牌、品牌赋能技术的良性循环。2021年以来，具有自主知识产权的CPLog测井装备系统亮相国家"十三五"科技创新成就展，声波换能器入选央企科技创新产品，智能导向系统、高温快测系列等技术成果被中国石油认定为国际先进，127型超深穿透射孔器穿深保持世界领先，光纤测井自主处理软件LogFOS打破国外技术垄断。一系列创新成果彰显了公司技术实力，提升了公司竞争优势，有力推动公司技术品牌建设。

质量为基，铸就品牌口碑。坚持以质取胜，将优质的产品和服务作为品牌打造的坚实基础，强化大质量管理理念，全面提升产品和服务质量，以产品造就品牌、以服务成就品牌。公司制造业务通过API认证，基层班组获评"全国质量信得过班组"，以年作业10万井次能力保障油气勘探开发，CPLog成套装备在尼日尔和乍得商业化规模应用，电成像仪器在伊拉克加速推广，iWAS地面系统在海外全面应用，国内外用户服务满意度逐年上升，表扬信、感谢信纷

至沓来。高质量的产品与服务为公司赢得客户口碑和信任,为打造服务品牌奠定坚实基础。

国际化为锚,扩大品牌影响。基于国际化发展,充分整合品牌、技术、物资、设备、渠道等资源,深度参与国际测井业务,打造全球测井行业知名品牌。公司海外市场实现持续突破,进入英国石油、埃克森美孚等国际高端客户市场,实现格鲁吉亚、印度尼西亚、古巴等新市场新业务零的突破,FITS 过钻具测井系统首销哈里伯顿,智能导向系统出国外销,射孔器材销售突破 41 个国家。《核仪器仪表—地球物理密度测井仪》国际标准成功获批立项,实现公司在国际标准化活动中零的突破。通过优质产品与服务"走出去"带动测井品牌"走出去",有力提升测井品牌的国际知名度。

文化为魂,提升品牌价值。中油测井加大文化对品牌的引领和支持作用,将企业文化核心理念与中华优秀传统文化融入品牌建设,凝练品牌价值主张,丰富品牌文化底蕴。《工程思维与文化建设赋能中油测井品牌价值提升研究》通过中国企业文化研究会课题评审,《CPLog 成套装备品牌培育实践》入选国企品牌卓著工程。文化建设与品牌建设深度融合、同向发力,塑造测井品牌独特形象价值,持续提升品牌影响力。2024 年,在第二十一届中外企业文化峰会上,中油测井作"文化赋能 铸就品牌 助力特色鲜明的世界一流测井公司建设"主题发言,全面展示"十四五"以来坚持文化强企,赋能高质量发展取得的一系列成果,受到组委会和与会代表一致好评。

(三)深化品牌传播,扩大品牌影响力

多渠道开展品牌宣传活动。举办新产品发布会。发布 FITS 过钻具测井系列、IDS 智能导向系统、hiDAS 光纤传感系统、MLab 车载岩石物理实验室、LogUDB 中国石油统一测井数据库等 5 项具有自主知识产权和国际先进优势的标志性成果,充分展示公司技术实力和创新能力。亮相行业重要会展。积极参

与中国西部国际投资贸易洽谈会、中国品牌博览会、中国国际石油石化技术装备展览会、中国品牌日等国内重大会展，筹备参加印度尼西亚、马来西亚、哈萨克斯坦、阿尔及利亚、阿布扎比和科威特等国际行业会展，构建"主题化设计、模块化制作、精品化创新"的品牌展览展示新模式。参与论坛学术交流。承办中国石油海外油气勘探开发技术交流会、中油测井技术交流研讨会，主办测井技术国际研讨会、测井科技高端论坛、测井行业年会，参加知名国际石油学会组织的论坛学术交流活动，增进行业对测井品牌和业务的了解，为进一步合作打好基础。助力公益宣传活动。参与"中国石油开放日""全国科普日"，演讲作品《铸造国之重器 探寻油气密码》获"全国品牌故事大赛"总决赛一等奖，组织关爱互助、绿色环保等志愿服务实践活动，有力提升测井品牌社会形象。

多维度构建品牌宣传矩阵。先后在中国石油报、科技日报、国际在线等国内主流媒体发布8个公司业绩成果专版，同时大力推进公司融媒体平台建设，在公司官网、官微、抖音等，策划"战疫保产""三基建设""解密测井"等宣传主题，开设"共历改革""测井记忆""十大科技"等系列报道，全方位展示中油测井品牌形象。公司主要领导带队在国内走访中国石油上游企业、钻探公司及相关单位，在国外走访中东、中亚、亚太、非洲等区域资源国政府部门、高层客户、中国石油地区公司等，增强各相关方对公司品牌的理解、认同和支持。联合中国石油、中国石化、中国海油、延长油田、石油高校、科研院所等国内测井行业相关单位，编纂发布《中国石油测井简史》，与公司志、公司年鉴、公司大事记共同展示公司发展与品牌建设历程。

多策略强化品牌国际传播。加强正面舆论引导。联动中央海外媒体、国内外主流媒体、所属地主流媒体，建立常态化沟通与合作关系，围绕公司品牌发展及理念、重点工程及成果、重要活动及热点等，设置宣传议题，精准传播视角，创造良好的内外部舆论环境。策划系列主题视频。精心制作"新闻会客厅"海外访谈、"中国石油的海外面孔"短视频、"英文主播测井技术"科普、"一带一路"上的中国节微录、"海外客户进测井"微视等系列传播作品,围绕公司海外创业足迹,宣介 CPLog 等技术品牌,展示 CNLC 品牌多元形象,彰显公司贡献社会经济、参与公益事业、保护生态多样性的国企担当,获中石报头版推送,并在国资委、中国石油海外平台等全媒体展播。构建国际传播话语体系。利用 CNPC Worldwild,中国石油外文网站,中国石油 Ins、X、Facebook、VK 等海外社交媒体平台,以及国资委、中国外文局宣传活动等载体,按"市场化、属地化、时代化、故事化"原则,贴近不同区域、国家、受众精准传播,扩大测井声音的区域化、分众化传递。开展品牌营销推广。定期更新多语种宣传手册、英文网站信息,上线网站手机端,并优选海外主流能源媒体、网站、期刊和报纸投放广告,提升公司品牌在国际市场的活跃度和传播力。

四、社会责任:家国情怀、和衷共济

习近平总书记指出:"一个企业既有经济责任、法律责任,也有社会责任、道德责任。"[①] 中油测井重视企业发展与社会发展相协调,在乡村振兴、地方发展、员工关爱、文明创建等方面积极履行社会责任,关注民生福祉,真诚回报社会,为推动国家和社会和谐发展不懈努力。

(一)全力推进乡村振兴

坚决响应党的脱贫攻坚号令,秉持定点扶贫和对口支援的优良传统,全力支持所帮扶两市三县一村脱贫攻坚。自 2018 年起,选派 3 批共 11 人扎根陕西省安康市东木镇燎原村,接力承担脱贫攻坚和乡村振兴工作,助推燎原村快速

---

① 习近平. 在网络安全和信息化工作座谈会上的讲话[N]. 人民日报,2016 年 4 月 26 日(2).

发展为紫阳县首个村集体经济年收益超 50 万元的行政村。

脱贫攻坚阶段，深入调研精准识别贫困原因，围绕"输血造血、扶志扶智"精心制定方案，从基础设施改善、公共服务完善、产业发展、新民风建设发力，开展 30 余个脱贫攻坚项目，引导村民成立 4 个专业合作社，直接受益建档立卡贫困户千余人，所帮扶全国贫困县深度贫困村成功脱贫摘帽。公司荣获全国"脱贫攻坚先进集体"。

乡村振兴阶段，以脱贫群众增收和脱贫地区发展为重点，将先进经营理念有机融入村集体经济发展，驻村帮扶着力发展"富硒产品、康养文旅、生态养殖"三大产业，带动农户就业超 40 人、月人均增收 2000 元以上，绘就乡村振兴"产业富足、人才兴旺、文化焕新、生态和美、党建赋能"五幅幸福画卷。通过技术支持、人才培养和市场对接，培育乡村旅游、农村电商等新兴业态，推动村民由传统农业思维向现代农业、绿色经济及服务业三大产业融合发展的观念转变，为村集体经济发展注入强劲动能，示范带动东木镇乃至紫阳县的村级集体经济发展，为新时代"三农"工作贡献石油力量和测井智慧。公司驻村工作典型经验入选全国乡村振兴优秀案例，食用菌种植基地成为陕西省乡村振兴观摩样板。

（二）支持服务地方发展

积极融入地方经济社会发展大局，分享发展机遇和资源价值，带动关联产业，创造就业岗位，服务社会民生，做当地优秀企业公民，公司被评为陕西省百强企业、诚信示范企业、工业品牌培育企业。

依法合规纳税。贯彻"依法纳税、合规经营"理念，公司连续 13 年被陕西省国家税务局和地方税务局联合授予"A 级纳税人"荣誉称号。促进地方就业。深化企地合作，扶植测井相关制造企业，为地方制造企业提供约 1500 个就业岗位；开展低端测井服务业务外包，通过技术输出、管理咨询、市场开拓等方式帮助企业提升核心竞争力，累计提供约 3000 余个工作岗位。**海外本土用工**。在高质量"走出去"过程中，积极招聘、培训当地雇员，选用当地管理人才，为当地提供就业机会。拥有海外雇员近千名，海外业务整体本土化率达 87%，海外 26 支作业队实现"零中方"用工。建立海外工程师 17 级晋级体系，累计培养外籍工程师 220 余名，组建全当地化作业队伍 18 支，帮助当地优化人才专业结构，提升人才能力素质。**支援防疫抗疫**。积极响应陕西省委组织部动员号召，先后组织 185 名党员群众，组建抗疫青年志愿服务队，下沉 14 个行政区、93 个社区，全面参与核酸检测、人员流调、信息统计、物资配送、值守执勤、扶老助弱等工作中，收到属地政府、社区感谢信 20 余封。

（三）关怀关爱员工身心

坚持以人为本，深入推进"我为员工群众办实事"活动，持续改善工作环境，丰富员工文体生活，保障员工合法权益，开展内部帮扶慰问，增强员工的幸福感、获得感、安全感。

办好职工之家。根据一线员工需求，开展职工之家实体化建设，改造升级文体活动场所 61 个，职工之家实体化建设获评陕西省能化工会创新创优项目一等奖。**丰富文体活动**。践行"快乐工作、健康生活"理念，成立书画摄影、桥牌体育、文学创作、音乐舞蹈等多个协会和兴趣小组，举办乒乓球、羽毛球、排球、工间操比赛、文艺小分队下基层等特色文体活动，增强企业凝聚力、提升员工幸福感。**推广互助保险**。加大互助保障知识宣传，员工个人参保与单位统一参保相结合，被员工亲切称为"第二医保"。公司工会荣获"全国职工互助保障工作先进集体""全省职工互助保障工作杰出示范工会"。**精准帮扶慰问**。打造"春送慰问、夏送清凉、金秋助学、冬送温暖"四送品牌，实施生活帮扶、助学帮扶、大病帮扶等各类帮扶，持续开展节假日探望、送清凉以及外部市场、艰苦岗位、海外员工慰问等活动，得到员工群众一致点赞。

（四）弘扬培育文明风尚

将精神文明建设与学习贯彻习近平新时代中国特色社会主义思想主题教育相结合，与"厚德陕西"建设相结合，根据公司生产经营实际，开展了一系列具有鲜明时代特征和测井特色的群众性精神文明创建活动，形成文明创建长效机制，提升员工整体素质，塑造公司文明风貌，自2015年起连续保持"全国文明单位"称号。

抓好精神文明宣讲。持续学习宣贯党的二十大和二十届二中、三中全会精神、习近平总书记关于社会主义精神文明建设重要论述，结合公司科研生产经营实际做好解读阐释、集中宣讲。广泛开展中国特色社会主义、中国梦、党史宣传教育，传承红色基因、赓续红色血脉，筑牢"石油工人心向党"的政治底色。弘扬传承优秀传统文化，举办《国学大讲堂》等系列专题讲座，引导员工感悟国学与治国、治企、家庭、个人相辅相成的辩证关系，滋养新时代文明实践。

开展文明创建活动。开展文明餐桌、文明旅游、文明交通、文明观赛活动，大力培养文明行为习惯、倡导健康生活方式、树立绿色环保观念。统筹推进文明办网、文明用网、文明上网，强化员工网络自律，共建网上美好精神家园。围绕中国传统节日，举办包饺子、猜字谜、户外登山、拔河比赛、演讲大赛、青年联谊、集体婚礼等活动，厚植爱党爱国爱社会主义爱企情感。持续举办"道德讲堂"，吸引广大员工投身道德实践活动，讲道德、做好人、树新风。注重家庭文明建设，组织开展"我的家规家训故事"征集、"传承优良家风 争做最美家庭"创建等活动，表彰"家庭和、家风正、家教好"的家庭典型，在全公司推动形成社会主义家庭文明新风尚。

组织帮扶志愿服务。依托"学雷锋树新风、学铁人立新功""金秋助学""青年志愿者服务"等活动载体,围绕文明城市创建、环境保护、植树造林、捐衣捐书、垃圾分类、扶老助残济困、社区共建共治等常态化开展志愿服务。积极参与陕西省、西安市"029公益事业"、第十四届全运会、中国—中亚峰会等志愿保障工作。开展"10元关爱行动",发出慈善捐款倡议书,为困难道德模范、身边好人献爱心。策划"石油测井科技进校园"等科普活动,激发学生对科学知识的兴趣和热爱。海外员工深入非洲项目所在地社区和福利机构,开展"人人努力为大家"爱心捐赠活动。各项志愿服务活动累计捐物捐书捐款超800万元,公司团委获得中国石油青年志愿服务先进集体称号。

文化是企业之魂。测井人矢志"慧眼识藏",系统建立企业文化和品牌体系,知行合一履行社会责任,凝聚起建设特色鲜明的世界一流测井公司的认同和合力。路虽远,行则将至;事虽难,做则必成。新征程上,测井人增强文化自觉,坚定文化自信,以更加昂扬的步伐、更加饱满的干劲、更加包容的心态、更加开放的胸怀,脚踏实地、同心同力,共逐做强做优做大中国石油测井事业之梦。

特色篇

行而不辍，履践致远。本篇精选16个实践案例，整体呼应使命篇、致知篇、践行篇，侧重大处着眼、小处落笔，呈现中油测井本部部门、所属单位的创新实践，印证"慧眼识藏、深地逐梦"知行体系的实践价值，彰显中华优秀传统文化厚植现代企业管理的时代生命力。

一、中华优秀传统文化运用于战略管理

案例 1

"五事七计"：谋胜战略规划

【背景介绍】

"五事七计"源于《孙子兵法·始计篇》，从战略高度分析概括了决定战争胜负的五大核心要素，提出了七个层面的衡量标准，进而探索对战制胜的规律。中油测井借鉴孙子兵法中庙算与运筹思想，将"知五事""熟七计"运用到企业战略，以中华经典智慧谋胜未来。

【主要做法】

令民以"道"，合战略成功之众力。"道"，就是要"令民与上同意"[1]。对国企来说，则是用企业使命、发展愿景、核心价值理念凝聚推动测井事业发展的最大合力，从而实现"主有道""上下同欲者胜"[2]。坚持家国天下、自立自强，深刻把握"两个大局"，从"五势"明晰测井定位，扛稳服务国家重大战

---

[1] 陈曦译注. 孙子兵法 [M]. 北京：中华书局，2022 年 3 月.
[2] 陈曦译注. 孙子兵法 [M]. 北京：中华书局，2022 年 3 月.

慧眼识藏　深地逐梦
中油测井现代企业管理知行体系探索与实践

略、当好测井国家队主力军的光荣使命，画好测井文化同心圆，持续强化全员目标同向、思想同心、行动同步、标准同度、意志同力，坚定投身建设特色鲜明的世界一流测井公司新征程。坚持"同道而谋之，非同道而习之"，联合甲方客户、高校院所、业内同行、合作伙伴构建中国石油测井创新生态圈，深化全方位交流互鉴、合作共建，携手开辟测井行业壮阔前景。

顺"天"应"地"，制战略规划之胜势。"天"对应国企宏观环境、"三大责任"等，"地"对应国企行业状况、市场竞争、政策法规、机遇挑战等，"天地得"方能立于不败之地。紧跟国家战略、中国石油和中油技服部署，坚持世界眼光、国际标准、测井特色、高点定位，确立"六大战略""七个一流"目标；突出专业化、一体化、国际化发展，推进测井业务"十大工程"、党群业务"十项工作"；矢志一张蓝图绘到底，压茬推进"五年任务"、突出抓好"六做"重点部署，不断增强核心功能、提升核心竞争力。坚定贯彻"走出去"战略，积极参与"一带一路"能源合作，持续对标国际一流锻长板、固底板、补短板，构建高质量发展新格局，全力在建设世界一流企业上走在前、做表率。

稔熟"将""法"，强战略实施之支撑。"将"，即企业领导干部，是战略落地的关键力量；"法"，即企业规章制度、行为标准等，是战略见效的基本保障。抓住干部这个关键，大力弘扬企业家精神，做好"选育管用"及"考培退"文章，系统建设"三强"干部队伍，实现"将有能"的充分施展。注重"将有能"而利三军，建立责任分工、督查落实机制，权责统一、令行禁止、缘法而治、以上率下，促进"法令行"的高效落实；建立统筹协调、激励奖惩机制，统筹各类资源利用，增强激励对象的荣誉感、获得感、认同感、责任感，激发"赏罚明"的活力动力；建立人才交流机制，破解结构难题，持续增能提素，提升岗位绩效，实现"兵众强""士卒练"的循环提升。

【实践效果】

中油测井将孙子兵法"五事七计"有效融入战略规划，系统运用于现代企业战略谋划、制定和实施过程，专业化、一体化、国际化布局基本完成，研发、制造、服务、应用四大主营业务协同发展，依法合规、经营管理水平持续提升，各项关键业绩指标持续箭头向上，规模实力跻身世界前三，有力支撑企业"十四五"高质量发展，建设特色鲜明的世界一流测井公司取得重要进展。

【启示】

中油测井以经典兵法指导企业战略规划，按照"五事"思维，从发展愿景、市场环境、体制机制等层面开展筹划，进行管理层面的宏观思考；依据"七计"标准，从人才、科技、文化等角度制定措施，进行执行层面的细化安排，形成科学完备的战略体系，擘画出建设世界一流测井公司的宏伟蓝图。

● 案例 2

"道器合一"：志造"国之重器"

【背景介绍】

"形而上者谓之道，形而下者谓之器。"① 道者，乃规律、思想；器，系器物、装备。道以成器，器以载道，此乃"道器合一"。中油测井秉承中国传统

---

① 杨天才译注．周易[M]．北京：中华书局，2022年2月．

慧眼识藏　深地逐梦
中油测井现代企业管理知行体系探索与实践

造物的理想追求，将"服务油气"之道与"国产测井"之器融为一体，蹚出一条测井装备发展新路。

【主要做法】

器以载道，胸怀"国之大者"。大道无形，以器观道。习近平总书记强调，"关键核心技术是要不来、买不来、讨不来的"[①]。中油测井致力为国家找油找气、为自己加油争气，立志突破国外技术封锁与市场垄断，义无反顾踏上测井装备国产化、自主化之路。历经20年潜心钻研，成功研发CPLog测井装备并实现系列化发展，实现从无到有的重大突破。坚持对标国际一流标准，推动CPLog成套装备迭代升级，成为中国测井服务保障油气的主力装备，完成从有到优的品质升华。从自力更生到自主创新、再到自立自强，生动诠释了测井人保障国家能源安全的志气与担当。

如琢如磨，锻造"国之重器"。"工欲善其事，必先利其器。"[②]古代工匠不懈追求技艺精进，这种精神是"择一事终一生"的执着，也是"偏毫厘不敢安"的细致，更是"千万锤成一器"的追求。中油测井大力弘扬工匠精神，致力将探测地宫奥秘的利器打磨锋利。面对深地探测开启万米时代，建成国内首个石油测井智能工厂，聚力攻关耐高温、耐高压、高可靠仪器、狭小空间及微弱信号检测等"瓶颈"技术，突破高灵敏度声波换能器、耐高温测井芯片等"卡点"技术，推动CPLog系列装备迈向国际先进水平，在特殊环境下看得更清、取得更准、探得更远。

器成非凡，铸就"国之名片"。品牌是企业永续发展成事之基。中油测井将"品牌打造工程"列入测井业务"十大工程"，确立以创新驱动、质量提升、

---

① 习近平. 在中国科学院第十九次院士大会、中国工程院第十四次院士大会上的讲话[N]. 人民日报，2018年5月29日.
② 杨伯峻. 论语译注[M]. 北京：中华书局，2017年8月.

文化建设、国际化为核心的品牌发展战略，坚定不移推动CPLog装备制造向创造、速度向质量、产品向品牌"三个转变"。坚持以创新驱动发展支撑品牌建设，CPLog多维高精度成像测井系统亮相国家"十三五"科技创新成就展，成为中国"智"造"新名片"。坚持以质量提升夯实品牌建设基础，CPLog装备在万米科探工程经受考验、屡破纪录，彰显中国"质"造品牌"含金量"。加快品牌"走出去"步伐，CPLog成套装备远销多个海外国家，成为中国"志"造测井品牌"代表作"。

【实践效果】

中油测井成功打造拥有完全自主知识产权的标志性大型测井成套装备CPLog，结束了我国高端测井装备长期依赖进口的历史，装备自主化率逾90%，节约装备引进资金数十亿元，有力支撑油气田增储上产稳产和钻井工程提速提效，带动经济效益提升，在国内油气勘探开发过程和万米科探工程屡创佳绩。CPLog成套装备在尼日尔等8个国家开展商业化作业，成功实现国产测井技术装备"出海"，为"一带一路"沿线国家油气勘探开发贡献"国之重器"、彰显中国力量。

【启示】

"非器则道无所寓"[①]。中油测井坚持"利器"理念，把器以载道与装备发展目标使命相结合，把切磋琢磨与测井核心技术攻关相结合，把器成非凡与打造测井品牌装备相结合，取得高端测井装备国产化里程碑成果，进一步擦亮"火眼金睛"、锻造"探测利器"，奏响了"创新测井、服务油气"的最强音。

---

① 顾炎武，日知录集释[M].北京：中华书局，2024年4月.

案例 3

"革故鼎新"：积势赋能企业高质量发展

【背景介绍】

"革，去故也；鼎，取新也。"[①] 革故鼎新的治国理政智慧深植中华文明的思想根脉，是中华文明生生不息、延续至今的重要底蕴。中油测井应改革而生，因改革而兴，也将向改革图强致远。迈入中国式现代化的实践新征程，中油测井从国家战略需要、石油行业形势、测井产业变革、员工群众期待出发，步履坚定推进深化改革释效赋能，不断描绘高质量建设世界一流测井公司的广阔画卷。

【主要做法】

随着测井专业化重组棋落大盘，中油测井综合实力跃居国内第一、国际前列。站在新起点，中油测井锚定世界一流目标，用好改革关键一招，奋力做强做优做大。

因势而动，向"链"发力。与时偕行，日新者进；勇立潮头，改革者胜。锚定打造综合一体化产业结构，整合研发、制造、装备、物资、质量计量、国际业务、解释评价等资源，相近领域"强强联合"，分散资源"攒零合整"，重点业务"合同组新"，持续推进战略性重组"初成"向功能性重塑、专业化整合"大成"转变，主责主业更加突出，测井产业链协同效能不断提升。构建和完善"本部部门管总、研发制造主建、服务公司主战"的扁平化、集约化的矩阵式管

---

① 杨天才译注. 周易 [M]. 北京：中华书局，2022 年 2 月.

理模式，从组织体系上进一步保证测井全产业链的功能发挥、整体高效。

破旧立新，向"治"问效。"不破不立，大破大立，晓喻新生"[①]。聚焦中国特色现代公司治理，践行"两个一以贯之"，走好企业改革发展"善治"之路。权责统一、治企有方，坚持党建领航赋能，优化机构、组织、运行、制度、监督、党建"六大体系"，增强决策、执行、监督"三位一体"效能，推进公司治理主体专业化、治理制度规范化、治理手段科学化。义利统一、管企有法，科学构建"大风控"体系、世界一流财务体系、绩效考核指标体系，健全市场化经营机制，不断焕发新活力、释放新潜力。众擎易举、强企有才，完善"生聚理用"机制，管好用好八类关键人才，全面提升人才价值，做优建设世界一流企业的"第一资源"，保证测井事业行稳致远、薪火相传。

犯难图远，向"新"而行。"周虽旧邦，其命维新"[②]。勇担测井新使命，向"新"而行，以"质"致远，培育新赛道，汇聚新动能。发展新质生产力，推进科技创新与产业布局深度融合，编制科技发展规划和战略性新兴产业发展规划，优化主营业务发展布局，拓展新领域新业务，加快高质量转型升级步伐。推进数智化转型，实施"5327"工程，建成中国石油统一测井数据库，打造远程测井、智能制造、测井大模型等一批数字化转型场景，数智中国石油测井展现广阔前景。构建创新生态圈，牵头建设中国石油测井产业新型生态，携手业界成立测井装备联盟、组建创新联合体、促进产业深度合作与协同，坚定打造测井原创技术策源地和千亿级产业链。

【实践效果】

随着深化改革措施的精准落地，党的领导全面融入公司治理，业务链条更

[①] 张景，张松辉译注.道德经[M].北京：中华书局，2021年5月.
[②] 王秀梅译注.诗经[M].北京：中华书局，2015年9月.

慧眼识藏 深地逐梦
中油测井现代企业管理知行体系探索与实践

加完整，主营业务结构实现整体性优化，产业结构调整取得里程碑进展，价值创造能力效率显著提高，核心功能不断增强，核心竞争力持续提升。"十四五"以来，公司测井能力跻身世界前三，年均产值保持较高增速，国际业务收入增长三倍。

【启示】

中油测井从中华优秀传统文化汲取改革智慧，注重因时、因势、因事变革创新，勇担测井国家队主力军之责，驭乘测井专业化重组之势，运用全面深化改革的系统观和方法论，打通制约高质量发展梗点阻点，辩证处理改革涉及的重大关系，推动改革走深走实走出新成效，助推世界一流测井公司建设进入新境界。

案例 4

"守常知变"：做优测井基本创效单元

【背景介绍】

"秉纲而目自张，执本而末自从。"① 项目部是生产运行之基、业务收入之源，欲使"十四五"发展规划落地生根，精益化做优项目部乃关键所在。中油测井汲取中华优秀传统文化的变革智慧，力推深化改革入基层，开展"阿米巴"模式和经营型项目部改革试点工作，促进项目独立核算、自主经营、自负盈亏、自我约束，快速应对市场变化、提高企业运营效率、提升价值创造能

---
① 傅玄，刘治立．傅子评注 [M]．天津：天津古籍出版社，2010 年 3 月．

力，为建设世界一流测井公司夯基固本、添翼助力。

【主要做法】

审度"外势"，灵活应变。"凡益之道，与时偕行"[①]。发挥市场在资源优化配置中的决定性作用，建立项目部与资源共享中心之间的市场化运营机制，提升市场响应和资源利用效率。资源管理方面，资源共享中心负责"管"好人力、设备资源，发挥"蓄水池"作用，集中处理资源配置矛盾问题，有效解决以往项目部资源相对固定、资源存量与市场需求脱节、资源利用率低等难题。项目运作方面，项目部负责"用"好资源，建立双方内部租赁交易机制，根据市场需求租用或者退回资源，让听到炮声的人指挥战斗、呼唤炮火。项目部集中精力专注市场经营，加快从生产型向经营型转变。

洞察"内情"，主动求变。"穷则变，变则通，通则久"[②]。突破项目部传统管理模式，完善"责、权、利"相统一的管理机制，提升项目运营质量。明责，建立每个客户对应唯一项目部的服务模式，提升市场营销能力，明确项目部市场、经营职责和年度指标任务，促进自负盈亏。放权，赋予项目部自主决策、支配资源的权力以及更多预算支持，按照"谁使用、谁受益、谁承担"原则，将人员、装备、服务、管理等全成本纳入项目部核算，推动独立核算、自主经营。让利，根据市场、效益规模实施项目部分级管理，精准匹配人员编制、领导人员任用管理和薪酬待遇等政策，突出市场增量、利润等指标强化考核，促进自我约束。

恪守"常则"，稳健谋变。"执常以迎变，要变以知常"[③]，改革既要知变，更需守常。坚持系统观念，公司层面制定规划目标，业务领域齐抓共管、指

[①] 杨天才译注. 周易 [M]. 北京：中华书局，2022 年 2 月.
[②] 杨天才译注. 周易 [M]. 北京：中华书局，2022 年 2 月.
[③] 王夫之. 周易外传 [M]. 北京：中华书局，2009 年.

慧眼识藏 深地逐梦
中油测井现代企业管理知行体系探索与实践

导支持，系统建立以项目部为成本、利润核算单元的考核评价体系，加快由外延式向内涵式发展转变。坚持以人为本，升级版单井包干政策保证员工多劳多得，结合技术、技能人才序列政策开展作业人员分类分级评价，与薪酬收入、职称评审、岗位评聘、评优选先等挂钩应用考评结果，激励岗位员工主动提升能力和绩效。坚持精益管理，推行"人机分离""灵活组队"，提升单队作业效率和全员劳动生产率；将人员、设备、物资、作业全流程信息纳入 EISC 系统，为精益管理提供实时的效率效益信息。

【实践效果】

中油测井坚持守常知变，不断扩大"阿米巴"模式和经营型项目部改革试点，试点项目部运营质效双增，市场开发责任夯实，生产组织更加灵活，资源利用效率大增，员工积极性有效激发，业务能力和工作态度明显提升，从"让我提升""让我干"转变为"我要提升""我要干"。2024 年，28 个试点项目部利润同比增长 40.92%，全员劳动生产率提升 28.4%，百元收入营业成本平均降低 9.38%。

【启示】

"为者常成，行者常至。"[①] 中油测井以系统思维推动深化改革从顶层立柱架梁向基层纵深挺进，充分借鉴现代企业先进管理模式和经验，强化市场化、集约化、共享化管理，因势而谋、因地制宜推进经营型项目部改革。项目部应对市场更加灵敏、资源配置更加科学、运营管理更加高效，职能由生产型向经营型加速"蝶变"，改革赋能效应充分释放，为项目管理转型升级开辟新路、提供借鉴。

---

① 汤化.晏子春秋译注[M].北京：中华书局，2015 年 5 月.

二、中华优秀传统文化运用于业务管理

案例 5

"通志于众"：当好油气勘探开发测井先锋

【背景介绍】

"主将之法，务揽英雄之心，赏禄有功，通志于众。"[①] 伟大的事业都是团结志同道合的人干出来的。中油测井长庆分公司坚决贯彻习近平总书记"能源的饭碗必须端在自己手里"的重要指示，坚持"上下同欲者胜""同舟共济者赢"，锻造能征善战的测井尖兵，有力保障长庆油田连续五年年产油气当量突破 6000 万吨。

【主要做法】

凝人心、铸人魂，立先锋之志。"天下至德，莫大乎忠"[②]。牢记国企姓党的政治属性，立志当好油气勘探开发测井先锋。政治引领、意志坚定。认真学习贯彻习近平总书记对中国石油和中国石油相关工作的重要指示批示精神，用

[①] 唐书文.六韬·三略[M].上海：上海古籍出版社，2023年5月.
[②] 张景，张松辉译注.孝经忠经[M].北京：中华书局，2022年12月.

慧眼识藏　深地逐梦
中油测井现代企业管理知行体系探索与实践

服务大油气田的"大作为",体现坚定拥护"两个确立"、坚决做到"两个维护"。讲清形势、鼓足干劲。深入开展"转观念"系列主题教育,两级领导班子深入三省区十二个项目部,围绕测井发展、工作"五问"[①]等要求深入宣讲,点燃广大员工服务油气热情。锚定目标、扛稳责任。领导班子成员落实"四下基层",推进做强科技、做大规模、做精管理、做优人才、做和文化、做深党建落到实处,助力公司增强核心功能、提升核心竞争力,吹响建设世界一流测井公司"冲锋号"。

揽人才、任人贤,护成才之航。"才者,材也,养之贵素,使之贵器"[②]。纵深推进人才强企工程,打造行业领军的高素质测井人才队伍。关注未来、薪火相传。在干部"选育管用"、人才"生聚理用"上树导向做文章,在重点工程、项目、领域中压担子促成长,激励优秀青年站前台、挑大梁、唱主角。深耕技术、奋勇当先。组织二、三级工程师深入生产一线,保障测井"三新"试验推广;推行"人才+项目"培养模式,建立科研项目带头人、工作专班项目长"揭榜挂帅"机制,以价值创造彰显测井作用。双向发力、示范引领。打造以"三秦工匠""陕西省工人发明家"刘春斌为代表的一批不甘平凡、创新创效的"石油名匠",激励技能操作人才队伍勇攀高峰、建功立业。

聚人智、用人力,强保障之能。"功以才成,业由才广"[③]。以人才优势厚植服务底蕴,强力支撑长庆油田油气当量"上得去、稳得住、可持续"。客户为本、服务至上。建好两小时生产保障圈,破解油田"点多面广线长"保障难题。借助"四位一体"产业优势,打造"三低"[④]油气藏井筒全生命周期特色测井技术系列。自立自强、注入动能。全面应用CPLog成套先进装备,破解

---

① 工作五问:上级要求是什么?市场需求是什么?职责任务是什么?员工期望是什么?我们应该干什么?
② 张居正.张居正全集[M].武汉:崇文书局,2022年7月.
③ 叶植.习凿齿文史合集校注[M].北京:中国社会科学出版社,2023年11月.
④ 三低:低渗、低压、低丰度。

地质和井筒复杂难题，测得更准、取得更全、探得更远。应用自主研制高端成像装备，持续助力油田增储上产提效；应用随钻"测录导一体化"技术和装备，精准解决地质工程问题。科研转化、落地生"金"。应用车载岩石物理实验室二维核磁和CT扫描技术，高效保障国内首个页岩油水力压裂试验场建设。过油管分布式光纤测试技术首次应用在CCUS国家级示范区。

【实践效果】

长庆分公司牢记重大嘱托，汇聚全员"五统一"合力，凭技术强服务，创价值赢信赖。"十四五"以来，累计完成测井作业超12万井次，代表中油测井在长庆油田"出成果、出经验、出效益、出人才"上做示范，在"重规范、有风范、做示范"上树样板，为长庆油田建成国内第一大油气田、当好能源保供"顶梁柱"添加了测井注脚。

【启示】

"万人操弓，共射一招，招无不中。"[①] 长庆分公司鼓足队伍"精气神"，以"服务公司主战"的专心，笃定找油找气先锋军的信心，坚定担当生产经营"压舱石"的决心，凝聚起通志于众的强大合力，在大有大的样子、大有大的作为中体现测井使命担当。

---

① 陆玖译注. 吕氏春秋[M]. 北京：中华书局，2022年10月.

慧眼识藏　深地逐梦
中油测井现代企业管理知行体系探索与实践

案例 6

"兵法之智"：催生生产"四策"

【背景介绍】

"兵非贵益多也，惟无武进，足以并力、料敌、取人而已。"① 其中蕴含的"慎战""并力""料敌""取人"思想，对现代工业化生产极具借鉴意义。测井工程技术服务以"作业队伍+车载装备"从事井筒信息测量，类似行军打仗，井场如战场、装备如兵器。中油测井在生产组织中融合运用经典兵法智慧，精准制定实施生产"四策"，为服务油气勘探开发提供坚实支撑保障。

【主要做法】

慎战以谋，定策而后动。即以"慎战"之智，施"保障生产安全"之策。"明君慎之、良将警之"②，《孙子兵法》通篇蕴含居安思危的忧患意识与谨慎态度。深悟"慎战"要旨，融入安全生产。全"面"覆盖、经验为范，总结不同区域经验教训，制定区域施工作业指导模板；多"线"协同、流程为要，严抓生产单位仪器、车辆、辅助工具等全过程管控和班组落实"四环节"风险防控；重"点"切入、安全为基，实施重点井"一井一策"，建立"领导包井、专家盯井、干部跟井"保障机制，确保生产全方位、全过程安全无虞。

料敌以详，知彼而后行。即以"料敌"之智，施"提高生产效率"之策。"料敌制胜，计险隘远近，上将之道也。"③ 洞察天时地利，才能占尽先机，掌

---

① 陈曦译注. 孙子兵法 [M]. 北京：中华书局，2022 年 3 月.
② 陈曦译注. 孙子兵法 [M]. 北京：中华书局，2022 年 3 月.
③ 陈曦译注. 孙子兵法 [M]. 北京：中华书局，2022 年 3 月.

握作战主动权，测井生产亦需提前准确掌握客户信息，方能找到资源部署最优解。抓住中国石油生产经营对接会、技术交流等契机，组织各单位与属地油田层层对接，精准锁定中国石油重点井工程及油田公司重点区块，动态跟进勘探开发计划实施，清楚掌握钻机部署和工作量，宏观调控公司在国内外各区域生产资源配置，科学制定生产高峰、特殊敏感时期保障措施，有力保障区域生产作业平稳高效运行。

并力以合，聚力而后破。即以"并力"之智，施"攻坚生产难点"之策。"并敌一向，千里杀将，是谓巧能成事。"[①] 面对中国石油万米井、重点探井等任务，集中优势资源取胜。集聚人力资源，建立"项目部局部、分公司区域、公司全局"三级调配模式，年均跨区域调动队伍80支。整合设备资源，成立专业化公司统一管理，完善三级维保机制，设立40余个维保点。统筹业务资源，建设套后测井、超深复杂井作业、连续油管、存储式测井、智能测导5大工艺中心，由专班调拨车载岩石物理等新技术资源，凝聚合力拓展新业务。

取人以众，选贤而后育。即以"取人"之智，施"建强生产队伍"之策。《孙子兵法》多次提及"取人""取于人"，不仅强调人在战争和管理中的重要作用，还提供选才用才的原则和方法。对照"将之五德""选才"，以"测井技能评估＋油田业绩评估＋集团集中考核"优选队伍关键岗位人员，确保人员、岗位、业务相适；因材施教"育才"，针对性选才并开展连续油管、智能测导等新业务培训；因才施用"用才"，根据人员队伍分级评估结果推广"灵活组队"，提升队伍综合利用效率；计功程劳"励才"，发挥单井包干等政策激励作用，持续振奋队伍精气神。

---

① 陈曦译注. 孙子兵法[M]. 北京：中华书局，2022年3月.

慧眼识藏　深地逐梦
中油测井现代企业管理知行体系探索与实践

【实践效果】

中油测井将经典兵法中"慎战""并力""料敌""取人"思想与生产管理相结合，优质高效安全组织生产，在队伍无明显增加前提下，具备年均 10 万井次作业能力，队伍利用率年均提升 5%，单井用工下降 7.6%，单井用时下降 5.3%，获评集团公司生产经营管理先进单位、井控工作先进企业、资质管理先进企业等荣誉。

【启示】

"明者因时而变，知者随事而制。"[①] 中油测井将企业经营管理"取势""优术"等理念与《孙子兵法》的思想精华深度融合，以行军作战的灵动策略类比指导测井生产，"慎战"保安全、"料敌"提效率、"并力"用资源、"取人"强队伍，铸就一套独具测井特色的生产组织管理方法与经验，为油气勘探开发提供坚实测井保障。

案例 7

"砥砺铸剑"：锻造先锋射孔利器

【背景介绍】

凡心系家国者，必以其安危为重。故君子铸剑，以卫祖邦。中油测井始终把保障国家能源安全作为首要责任，牢记重大嘱托，心怀"国之大者"，以

---

① 桓宽. 盐铁论（陈桐生译注版）[M]. 北京：中华书局，2015 年 4 月.

"铸剑"精神锻造"先锋"射孔利器，不断提升射孔器材研制及工艺技术水平。2017年、2022年、2024年接连刷新射孔穿深世界纪录，2023年"先锋桥射联作技术"入选中国石油十大科技进展，在射孔器材领域变中国制造为中国创造、变中国水平为国际标杆。

【主要做法】

如切如磋，探索最优制范。《荀子·强国》曰：刑范正，金锡美，工冶巧，火齐得，剖刑而莫邪已。宝剑之锋重在制范，射孔弹穿深性能取决于药型罩形态。优型以利射流，在国内率先设计出锥弧结构药型罩，进一步改善密度梯度分布，优化设计装药结构，提高了金属射流形成率。选材以利穿深，遴选高密度药型罩材料配方，进一步优化金属射流速度梯度分布、增强射流穿孔动能。制模以利聚能，运用新的粉末冶金成型理论，解决药型罩压制难题，形成较高的密度和较大能量的金属射流，大幅提高侵彻深度，使射孔弹穿深性能保持在世界领先水平。

如琢如磨，锻造钢筋铁骨。宝剑经过制范，须再经千万次锻造，剔除杂质，变得更加坚韧。随着油气勘探向地球深处挺进，射孔作业达到7000米以上乃至万米深度。聚焦"超深穿透、超高温、超高压"难题攻关，持续提升射孔器技术指标，淬炼"钢筋铁骨"。潜心组材壮其骨，研制出添加稀土元素的高强度高韧性管材，确保射孔器能够对抗井底的巨大压力。匠心建构强其筋，设计"O型全氟橡胶密封圈+高分子塑料挡圈"结构，提升管串关键部位的抗酸碱能力。精心串联攒其力，攻关形成多段增强起爆传爆、自动补偿隧道传爆等关键技术，提升射孔弹间传播性能，实现2000米跨度射孔段射孔弹同时可靠起爆传爆。

如垺如簸，磨砺锐利锋芒。坚持从客户需求出发，形成研发、应用良好循环，在找油找气实战中反复打磨"射孔利器"锋芒。趋势以图日新，加强技术

慧眼识藏　深地逐梦
中油测井现代企业管理知行体系探索与实践

及需求调研，了解油气勘探开发新形势，追踪国内外最新技术动态，第一时间研发油田所需的新技术新产品。问需以求创新，主动承接非常规油气储层改造需求，2021年研制出了国内首套模块化分簇射孔器，配套插拔式井口装置、等孔径射孔弹、速装坐封工具等新产品，提升作业效率20%以上，近五年在5个国家级页岩油气示范区应用超3000井次。拓路以达致远，坚持世界眼光，紧跟全球能源发展趋势，积极将射孔产品推向海外，打造一体化销售模式，不断提升海外客户体验感，产品远销美国、英国等全球41个国家。

【实践效果】

历经不断发展，中油测井"先锋"射孔（CPPerf）形成独具特色的品牌树，囊括了六大系列37类射孔技术、十四大系列130余种射孔产品。旗下技术及产品获得中国石油、中国石化、中国海油、哈里伯顿等国内外知名企业的认可，"十四五"以来累计销售射孔弹600余万发。中油测井成为全球顶级油气服务商哈里伯顿公司的直接供应商。

【启示】

中油测井从中华优秀传统文化汲取工匠精神、造器思想、铸剑精神，"先锋"射孔技术从无到有，再到"后来居上"，实现了从跟跑、并跑到领跑的超越，深刻诠释了测井人胸怀世界、敢为人先的执着探索，为新时代中国石油高水平科技自立自强提供了测井样本。

三、中华优秀传统文化运用于经营管理

案例 8

"好谋而成":制胜塔里木开放型市场

【背景介绍】

面对日益白热化的开放型市场竞争格局,勇毅拼搏的精神诚然不可或缺,然而沉稳缜密的筹谋更是成功之钥。正如孔子对子路的教诲:"暴虎冯河,死而无悔者,吾不与也。必也临事而惧,好谋而成者也。"[①] 中油测井塔里木分公司秉持"取势""优术""利器""竞合"理念,将"临事而惧,好谋而成"的智慧巧妙融入塔里木市场营销实践,在开放型市场浪潮里稳健前行,斩获开疆拓土与品牌塑造双重佳绩。

【主要做法】

临事而惧,审慎研判市场风云。"天下之事,成于惧而败于忽。"[②] 开放型市场竞争激烈、客户需求多元化、技术产品更迭日新月异,因此审慎研判市

[①] 杨伯峻. 论语译注 [M]. 北京:中华书局,2017 年 8 月.
[②] 吕祖谦. 东莱集选注 [M]. 杭州:浙江人民出版社,2024 年 3 月.

慧眼识藏　深地逐梦
中油测井现代企业管理知行体系探索与实践

形势成为企业赖以生存发展的基石。坚持"临事而惧",精心组织"年初、年中专项+日常"市场调研"取势"。年初"因势而谋",把握油田勘探开发部署策略,制定目标、压实责任、挂图作战;年中"应势而动"、科学"优术",依据油田投资执行情况及调整方案,完善市场开发策略和生产保障重点,在机遇与挑战并存的市场中洞悉先机、从容应对,持续做大产值规模,更好地服务精准勘探和效益开发。

好谋而成,顺势响应市场需求。"审度时宜,虑定而动,天下无不可为之事。"① 秉持"好谋而成",积极从"我有什么就提供什么"向"客户需要什么就提供什么"转变服务观念,聚焦客户需求和难点问题,推介新技术新工艺,为客户提供更多超值服务。富满油田平均井深超 8 千米,井况复杂、井底温度高、施工难度大且风险高,为客户量身定制 CPLog 直推式测井技术,成功攻克超深井、复杂井、大斜度井、水平井测井难题,资料录取率攀升至 85%。仅此一项创造产值就达到塔里木市场总产值的 26%,油田公司更是明确将 CPLog 成套装备定型为进口测井装备的替换升级产品,一举赢得效益与品牌的双丰收。

利他而为,向优创造市场价值。"己欲立而立人,己欲达而达人。"② 树牢"成就甲方才能成就自己"理念,深刻把握开放型市场规律,人无我有、人有我优,差异化、精益化做优做大市场价值。近年来民营企业纷纷涌入南疆矿权区域,塔里木分公司凭借独特技术优势和扎根新疆积累的经验优势,成为首家进入中曼公司市场的测井公司。后续针对该公司发展自有测井、射孔队伍,调整策略转战电成像、阵列声波、地层元素及随钻测井等高端市场,为客户创造更大价值,逆势实现做强做优做大。针对新疆互盈公司进军超深层,从超深井测井、超深层油藏解释评价打造比较优势,牢牢掌握技术发言权和市场主

---

① 张居正. 张居正全集 [M]. 武汉:崇文书局,2022 年 7 月.
② 杨伯峻. 论语译注 [M]. 北京:中华书局,2017 年 8 月.

动权。

【实践效果】

塔里木分公司坚持"市场导向、客户至上、一体协同、竞合共赢"市场工作方针，依托中油测井专业化、一体化优势，增强塔里木开放型市场竞争力，2023年提前实现"十四五"规划的区域市场产值目标，有力带动各项工作驶入发展快车道。CPLog成套装备推广范围逐步从固井质量测井扩大至完井测井，品牌效应与日俱增，被确定为深地塔科1井首选测井装备，充分彰显战略支持作用，为进一步提升市场竞争力筑牢坚实基础。

【启示】

塔里木分公司汲取中华经典谋略智慧和斗争策略，跳出市场找市场、跳出竞争谋竞争，临事而惧研判形势，好谋而成服务市场，苦练内功打造优势，竞合共赢谋求长远，取得了谋必得、事必成的成功，为中油测井参与开放型市场竞争提供实践借鉴。

案例 9

"夯基垒台"：理"财"有道出效益

【背景介绍】

《荀子·劝学》有言："积土成山，风雨兴焉；积水成渊，蛟龙生焉……不积小流，无以成江海。"习近平总书记多次引用"山积而高，泽积而长"等

慧眼识藏　深地逐梦
中油测井现代企业管理知行体系探索与实践

典故，阐述大与小、多与少、成与始的辩证思考，并延伸运用到治国理政实践之中。中油测井发扬中国石油"三基"工作优良传统，聚焦财务管理基础工作，构建"三基"四化标准体系，不断增强服务保障、价值创造、决策支持、风险防控能力，为建设世界一流测井公司构建坚强财务支撑。

【主要做法】

规矩绳墨，理财有基。"欲筑室者，先治其基"[①]。打牢制度基石，深入推进财务基础建设，制定发布《会计基础工作规范》《重点业务操作指南》《财务稽查工作手册》，严明财经纪律，筑牢制度防线。防控流程风险，梳理71项财务相关规章制度，规范155项重点业务操作流程，明确78条会计基础工作考核标准，依法合规涵盖全部经济业务事项。规范档案标准，固化7大类67项标准凭证摘要，规范11大类98项自制原始表单，形成14类专用和通用型财务档案封面，实现财务档案统一化管理。

持衡秉钧，理财有度。"谨权量，审法度，修废官，四方之政行焉"[②]。定额契合最佳化，编制发布并持续完善定额造价体系2.0，与生产经营契合度不断增强，助力健全以市场为导向、以效益为中心的生产经营运行机制。市场计价最优化，积极参与中国石油市场化计价规则修编，多方面争取有利政策，提高基于市场化计价规则的价格水平，充分体现测井技术和测井价值。功能增值最大化，细化核算和管理单元，推行项目（区域）核算与效益评价，深入开展财务三张报表解析，推动财务工作由"价值核算"向"价值提升"转变。

开源辟径，理财有术。"有以生之而财之源生生不穷，有以理之而财之流陈陈相因"[③]。眼光向内增效，滚动推进提质增效"升级版""精进版""增值版"

---

① 苏辙. 苏辙集 [M]. 北京：中华书局, 2017年10月.
② 杨伯峻. 论语译注 [M]. 北京：中华书局, 2017年8月.
③ 丘濬. 大学衍义补 [M]. 镇江：江苏大学出版社, 2018年5月.

专项行动，健全三大长效机制，增收节支取得显著成效。数字转型提效，自主研发财务大数据系统，建立财务数据仓库，打造财务大数据全链路处理工作流程，以数字技术重塑财务职能和价值创造。决策支持创效，建立 44 个财务分析模型和"4+1"财务分析评价体系，科学支持管理决策。做强监督保效，深化大数据财会监督平台应用，丰富财会监督模型，推动财会监督向事前事中延伸。

固本培元，理财有才。"致天下之治者在人才"[①]。秉持"一个家庭、一支军队、一所学校"的团队建设理念，提出"四讲四重"立身要求，倾力培养打造"团结、协作、专业、规矩"财务队伍。党员靠前打样，支委带骨干、骨干带徒弟、党员带群众、典型带团队，以榜样作用带动整体提升。员工互为师徒，建立"AB岗"互补机制，相互结为师徒对子，构建"双向带动、亦师亦友"的新型工作关系。队伍勤学实练，"量身定制"培训课程，引导全员在干中学、事上练，加快由"专业型"向"全能型"转变。

【实践效果】

中油测井从四个方面探索理"财"之道，助推财务管理增强价值引领、价值决策、价值实现、价值保护等功能，为经营发展质量稳中向好、好中向优起到了重要作用。"十四五"以来，公司经营业绩连创历史新高，累计增效数十亿元，精益管理、市场化运行水平不断提高，总结形成一系列典型经验案例，多次获得上级表彰，《以"三基四化"标准体系为支撑的财务管理创新实践》项目荣获 2023 年度石油石化企业优秀成果一等奖。

---

① 胡瑗．松滋儒学记[M]．上海：上海古籍出版社，1987年．

慧眼识藏　深地逐梦
中油测井现代企业管理知行体系探索与实践

【启示】

中油测井准确把握财务管理工作新要求，坚持"有效发挥企业管理中心作用，着力提升价值创造能力"，抓住关键要素，不断提升财务管理基础工作的科学化、规范化、现代化水平，持续精进，久久为功，将价值创造夯实到财务活动各环节全过程，为建设具有测井特色的世界一流财务管理体系夯实基础、筑牢基石。

案例 ⑩

"扬义弘道"：树正品牌闯海外

【背景介绍】

中国古代思想家对"义利"关系有着许多精彩论述，"义利相兼、以义为先"早已内化为中国人的价值取向和精神追求。中油测井坚持"义利兼顾"拓展国际业务，深度融入共建"一带一路"倡议，深耕海外五大区 28 个国家，与全球客户构建共荣、共生、共赢的新型合作关系，统筹推进海外市场开发、生产运行、风险防控、经营管理、安全环保工作，着力打造 CNLC 品牌。

【主要做法】

以义为先，弘"诚道"共荣。"中国人讲究'义利相兼，以义为先'"[①]。中油测井践行先义后利，忠实为客户提供尽善尽美的服务，用诚实守信赢信赖、

---

① 习近平. 开启中非合作共赢、共同发展的新时代——在中非合作论坛约翰内斯堡峰会开幕式上的致辞[N]. 人民日报，2015 年 12 月 5 日（2）.

树品牌、创效益。整合国际业务资源和境外机构，建立"国际公司—境外大区—境外作业区"的运行模式，为海外油气项目提供了值得信赖的测井解决方案。得益于 CNLC 品牌不断扩大的影响力，哈里伯顿公司、国民油井华高公司、科威特国民银行、阿尔及利亚国家石油公司、利比亚国家石油公司、苏丹共和国能源与石油部高层等相继到访中油测井本部，增进了双方互信，拓宽了未来合作空间。

以利为基，弘"正道"共生。"礼以行义，义以生利，利以平民，政之大节也。"① 中油测井坚持"以利为基、求利守义"，发挥"地质家的眼睛"优势，在成就甲方过程中成就自己。围绕海外油气勘探开发重点难点，提供井位部署、测井采集和解释评价一体化服务，先后向海外 10 多个油田派驻现场解释团队与甲方共同工作，开展多项技术攻关和课题研究。针对哈法亚油田主力油藏、接替油藏和深部油藏，巴西深水区块复杂藻灰岩油藏，以及哈萨克斯坦 AMG 勘探区块等难点问题，应用自主研制 CPLog 高精度成像系列等新技术，形成一整套技术解决方案，先后签订解释综合研究合同 46 个，有力保障海外油田精细开发需求，创造了良好的经济效益。

义利并举，弘"和道"共赢。习近平总书记在谈到"一带一路"时指出，"要坚持正确义利观，以义为先、义利并举，不急功近利，不搞短期行为。"② 中油测井积极打造"一带一路"能源合作新范式，通过拓展海外市场、做大产值规模、夯实经济基础，推动测井技术服务发展进步，更好地支持所在国油气发展。造福当地、合作双赢。推进海外员工本土化，积极参与项目所在地社区建设，做负责任的国企表率，从而更为长久地推动甲乙方实现双赢。凭借良好品牌和综合实力，成功进入科威特国家石油公司测井和射孔供应商名录，稳步

---

① 郭丹，程小青，李彬源译注. 左传[M]. 北京：中华书局，2024 年 6 月.
② 习近平. 借鉴历史经验创新合作理念让"一带一路"建设推动各国共同发展[N]. 人民日报，2016 年 5 月 1 日（1）.

慧眼识藏　深地逐梦
中油测井现代企业管理知行体系探索与实践

开展 28 个综合服务业务，2025 年 2 月中标 1.62 亿美元中国测井行业海外业务开展以来最大单体合同。

【实践效果】

"十四五"以来，中油测井坚持诚信为本，以义为先、以利为基、义利并举，为海外客户提供优势特色技术服务，"走出去""请进来"全力维护客户关系，CPLog 成套装备在海外陆续"落户"，国际业务收入增长三倍，国际化水平显著提高，形成海外专项文化。CNLC 品牌美誉度、国际影响力持续增强，亮相国务院国资委"一带一路"百国印记短视频大赛，国资委、新华社、中国外文局联合特别策划的"一带繁华一路歌"等重大宣传活动，成为中油测井在海外的一张闪亮名片。

【启示】

中油测井在国际化进程中，以 CNLC 品牌承载正确义利观，打造全球测井行业知名品牌，深化相互利益交融，助力强国形象塑造，为国家推进"一带一路"倡议、中国石油实施"走出去"战略注入鲜活测井动力。

四、中华优秀传统文化运用于队伍建设

案例 ⑪

"凝心聚力":举办"开年第一班"

【背景介绍】

《孟子·公孙丑下》云:"天时不如地利,地利不如人和"。干事创业尤以"人和"为要。习近平总书记指出:"思想统一是政治统一、行动统一的基础。"[①] 思想是行动的先导,共识是奋进的动力。中油测井党委将统一思想、凝聚共识作为推动发展的第一引擎,2022 年起连续 4 年在春节后举办"开年第一班",促进全体干部目标同向、思想同心、行动同步、标准同度、意志同力,形成上下同欲、踔厉奋发、勇毅前行的生动局面。

【主要做法】

搭梁立柱,精心组织筹备。《傅子》曰:"秉纲而目自张,执本而末自

---

① 习近平. 巩固拓展主题教育成果为强国建设民族复兴伟业汇聚强大力量 [N]. 人民日报,2023 年 12 月 23 日(1).

慧眼识藏　深地逐梦
中油测井现代企业管理知行体系探索与实践

从。"系统设计、严密组织对培训非常关键。优化设计，精心组织。"开年第一班"由中油测井党委抓总，党委组织部推进，公司党校和各部门通力合作，形成统筹协调、物资配备、设备保障、应急响应、后勤服务等方面标准化流程，逐项细化培训内容、课件提纲、授课老师、参训形式、时间安排等环节。以身垂范，悉心传授。公司主要领导和其他班子成员走上讲坛，发挥在政治、管理、党建、文化方面的经验和优势，起到"师者"传道授业解惑作用，以讲促学，以学促行，以行促效。充分覆盖，用心调训。采取线下集中与视频会议结合的形式，覆盖公司各作业区域，在现场培训中层干部的同时，实现基层管理干部和技术骨干"云端"相聚、同步调训。

多维赋能，精细打磨课程。通过不断打磨，确定课程的主要框架，涵盖党的创新理论、测井主责主业、中华优秀传统文化。以党的创新理论为基点。深入系统学习党的创新理论，重点对党的二十大报告进行全面解读，研读新观点、新论断、新思想，深刻领悟"两个确立"决定性意义，切实增强"四个意识"、坚定"四个自信"、做到"两个维护"。以测井主责主业为重点。围绕增强核心功能、提升核心竞争力主线，内容涵盖五个主题年部署及主营业务安排。课程上接中国石油、中油技服年度工作部署，下承各业务系统年度工作要点，既有精神传达，又有形势分析，既有工作部署，又有方法介绍，为干部进行履职能力"大充电"。以优秀传统文化为特点。将国学思想融入课程内容，注解经典著作、诵读诗词佳篇，引导干部员工坚定文化自信、开拓思维视野、汲取经验智慧，涵养"修齐治平"情怀。

止于至善，精准效果评估。坚持闭环管理思维，持续开展培训效果评估，不断优化培训模式，打造特色培训品牌。梳理流程，形成标准。系统总结四年以来"开年第一班"的优点和不足，横向上从职责入手，按照统筹兼顾原则，复盘责任分解与落实情况。纵向上从流程入手，不断优化课程安排等子项，形成标准化流程。评估反馈，成果共享。通过问卷调查、工作实践反馈等多种方式，评估培训效果。梳理汇编培训项目主题研讨报告、主题研讨材料及现场交流材料，做到文稿成册，成果共享。系统总结，打造精品。系统总结培训基本情况、特色做法、取得效果、下步工作等四个方面，固化典型特色做法，提炼可复制可推广的经验模板，打造"开年第一班"培训品牌。

【实践效果】

中油测井打造"开年第一班"精品培训项目，第一时间统一思想，有效提升各级干部对公司决策的认同度和执行力。自举办以来，引导全员进一步强化"起跑即是冲刺，开局即是决战"意识，清晰各主题年任务目标，在"干什么、怎么干、干成什么样"问题上凝聚共识、同频共振，切实保障年度生产经营目标的如期完成，助推了世界一流测井公司建设迈入快车道。

【启示】

"开年第一班"开创了形势任务教育新模式，在新年伊始之际，通过"讲形势、讲任务、讲措施"，向全体员工发出接力奋斗再出发的"动员令"。课堂结合国学思想及企业创新管理理念，讲思维、讲方法、讲作风，成为系统提升各领域干部履职能力的"及时雨"，进一步汇聚干事创业"五统一"合力，为高质量发展提供新动能，为建设世界一流测井公司注入新活力。

案例 ⑫

"破立并举":优化提升组织体系效能

【背景介绍】

中华先贤勇于破旧立新、改革图强,不断推动制度革新、思想进步。习近平总书记强调:"要坚持破和立的辩证统一,破立并举、先立后破,该立的积极主动立起来,该破的在立的基础上及时破,在破立统一中实现改革蹄疾步稳。"[①]中油测井坚持破与立的辩证统一,持续优化适配世界一流测井公司的组织体系,着力破解制约企业效率效能提升的现实难题。

【主要做法】

合整归一,做优核心业务资源。"能用众力,则无敌于天下矣;能用众智,则无畏于圣人矣"[②]。联合优势资源"集智"。整合做优"两院一中心"研发主体,与油田共建测井联合研究中心,创立"平台+项目"科技研发管理新模式,依托院士工作站、博士后工作站等平台吸引"外脑",共筑测井创新高地。整合分散资源"并力"。整合成立制造公司,整体提升自动化、智能化制造效能。国内市场区域形成"六统一、三共享"管理模式,海外业务实行"公司本部统筹管理+国际公司全面管理+海外作业区组织实施"管理模式和"国际化人才"分类动态管理机制。聚合保障资源"联保"。合同组新各单位支持保障资源,形成物资、装备、工艺高效共享机制,推动质量计量监督业务专业

---

① 习近平. 深入学习贯彻党的二十届三中全会精神凝心聚力推动改革行稳致远[N]. 人民日报,2024 年 10 月 30 日(1).

② 陈寿. 三国志(陈乃乾点校版)[M]. 北京:中华书局,2012 年 3 月.

化、高端化、规模化发展，五个纪检监督组对区域联系单位实施综合监督，构建"大支持、大保障、大监督"格局。

周事利民，提升队伍整体效能。"苟利于民，不必法古；苟周于事，不必循旧"①。干部"能上能下"。经理层全部纳入任期制和契约化管理，优秀年轻干部人才双向挂职锻炼、形成四类梯队，退岗中层管理人员专职研究生产组织、企业管理。员工"能进能出"。搭建5个区域人力资源中心，加强劳动用工管理，推进用工方式转型，严控用工总量，稳妥推进市场化退出，在业务持续拓展、产值大幅增长情况下实现员工总量净减少。薪酬"能增能减"。推进薪酬与劳动力市场价位接轨，完善"按绩付酬"分配制度，突出考核指挥棒作用。升级一线作业队单井包干制度，实施科技型企业岗位分红，强化薪酬精准激励。

精进不休，牵动管理质效双增。"精而益求其精，备而益求其备。②"精准市场营销"谋大"。针对各级客户科学配备146名客户经理，全面强化市场开发、维护和保障。成立智能测导等十个工作专班，全力开拓新能源新领域，做大新兴业务市场，加快业务转型发展。精益生产组织"谋效"。试点推进"阿米巴"模式和经营型项目部改革，建立EISC三级智能支持体系，完善三级维保体系和共享机制，"以井为中心"高效配置资源，提升单队创效能力。精细经营管理"谋利"。发布定额造价体系2.0，深化业财融合，坚持事前算赢，突出市场增量、效益增量与工效挂钩，实现规模性增收节支。

【实践效果】

"十四五"以来，中油测井持续优化提升组织体系效能，基本完成专业化、一体化、国际化布局，研发、制造、服务、应用"四位一体"专业优势更为突

---

① 刘安.淮南子（陈广忠译注版）[M].北京：中华书局，2022年3月.
② 王夫之.宋论（王嘉川译注版）[M].北京：中华书局，2008年8月.

显，提前完成二级机构、中层领导人员职数压减任务，人力资源质量指数位列工程技术服务板块前列，高质量发展根基更加牢固，带动各项业务取得显著成效。

【启示】

中油测井运用科学方法论，借鉴中华经典智慧，指导和推进组织体系优化工作，注重用系统观念、辩证思维看待破与立的问题，兼顾新与旧、稳与进、快与好、当前与长远、整体与局部，切实提高施策举措的精准度和统筹性，起到牵一发而动全身、落一子而活全局的功效。

案例 ⑬

"人生六立"：引领青年建功立业

【背景介绍】

千秋基业，人才为本[①]。测井发展，干部为要，青年先行。2023年7月，中油测井在清华大学举办第一届青年骨干示范培训班，精心设计开班"第一课"，从测井事业薪火相传的战略高度"传道、授业、解惑"，激励测井青年追求梦想、挺膺担当，奋力在发展测井事业中跑出青春好成绩。

---

① 习近平.深入实施新时代人才强国战略加快建设世界重要人才中心和创新高地[J].求是，2021年第24期.

【主要做法】

传道以致远大，树"人生六立"。《左传·襄公二十四年》有云：太上有立德，其次有立功，其次有立言，虽久不废，此之谓不朽。古往今来若能成就此"三立"者，可达"三不朽"之境。开班"第一课"满含深刻的人生感悟和丰富的工作实践，对古代哲人总结的"三立"进行了丰富和延展，创新提出"人生六立"，即"立身、立德、立行、立智、立功、立言"。这"六立"分别从"强身健体、正心明德、明志致远、厚积博学、久久为功、守正创新"六个维度出发，给予了测井青年骨干宝贵的思想启迪和方法指导。以此勉励广大测井青年树立远大目标和人生追求，练就实干"真本领"、磨砺担当"铁肩膀"，依托建设世界一流测井公司这一广阔平台，施展远大抱负、升华人生价值，追逐瑰丽灿烂的人生梦想。

授业以达精专，强"七种能力"。习近平总书记在2020年中央党校中青班上强调，干部特别是年轻干部要提高"七种能力"。积极响应、精心设置预备队"管理本领提升班"和战略预备队"管理能力塑造班"，设计45个教学专题。开班"第一课"紧扣培训班的目标主题，指引年轻干部持续提升"立场坚定、明辨是非的政治能力，深入实践、洞察真知的调查研究能力，高瞻远瞩、统筹兼顾的科学决策能力，刚健勇毅、善于创新的改革攻坚能力，沉着冷静、精准应对的应急处突能力，为了群众、依靠群众的群众工作能力，脚踏实地、一抓到底的抓落实能力"，勇敢战胜建设世界一流测井公司道路上的一切困难挑战。

解惑以定心志，答"工作五问"。知行合一是中华思想文化的精华，也是中国共产党人的优良传统。习近平总书记指出："'知'是基础、是前提，'行'是重点、是关键，必须以知促行、以行促知，做到知行合一。"[①] 如何达成知行

---

① 吴向廷.以知行合一促进党性教育[N].人民日报，2018年6月27日（7）.

慧眼识藏　深地逐梦
中油测井现代企业管理知行体系探索与实践

合一成为测井青年积极探索的人生命题。开班"第一课"独具匠心提出工作"五问",即"上级要求是什么?市场需求是什么?职责任务是什么?员工期望是什么?我们应该干什么?"从五个维度进行系统深入地阐释,在求知与实践之间指出明晰路径,引导青年在知行合一的道路上不断前行,实现个人价值与企业发展的相互交融、协同共进。

【实践效果】

中油测井举办首期青年骨干示范培训班,一批政治强、本领高、作风硬的青年管理干部、专家、技能人才、劳动模范脱颖而出,丰厚了干部队伍年轻化底蕴。"人生六立""七种能力""工作五问"为青年干部锻造了对党忠诚的政治素质,激发了干事创业的精神状态,提升了堪当重任的实干本领,开辟了人生价值的崭新境界,引领青年们不负期望、不负韶华,以满腔热忱投身世界一流测井公司建设,在新征程书写属于青春的辉煌篇章。

【启示】

国以才治、企以才兴。中油测井紧紧抓住"培养什么人、怎么培养人、为谁培养人"[1]的根本问题,基于古代先贤"内圣外王"的理想追求,提炼出"人生六立""工作五问"等为人、处世、立业之道,为新时代测井青年如何加强内在修养与外在实践,进而走好人生路给出了指引。

---

[1] 习近平. 论党的青年工作 [M]. 北京:中央文献出版社,2022 年 6 月.

五、中华优秀传统文化运用于文化建设

案例 ⑭

"修齐治平":兴办国学讲堂

【背景介绍】

"修身、齐家、治国、平天下"[①],是中华传统文化的政治人格理想。中油测井党委坚持文化强企、文化兴企,策划举办国学大讲堂,引导广大干部员工走进国学、研读经典、感悟精华,学习领悟知行合一、崇德广业、修己安人、内圣外王等经典思想,分享运用国学智慧推动"修齐治平"的实践案例,探索在企业的创造性转化和创新性发展,为加快建设特色鲜明的世界一流测井公司注入强大的精神动力。

【主要做法】

重构课程体系,融会贯通绘长卷。中华优秀传统文化源远流长、博大精深,构建科学概要的学习体系尤为重要。国学大讲堂以经典性为原则,精选权威古籍书目作为研读重点,范围覆盖经、史、子、集,以点带面归纳总结,既

---

① 胡平生,张萌译注. 礼记[M]. 北京:中华书局,2017 年 11 月.

慧眼识藏　深地逐梦
中油测井现代企业管理知行体系探索与实践

忠于原典，又精辟分析，深入浅出诠释讲解国学基本知识。以系统性为纽带，从时间和空间两个维度，对国学思想与智慧进行整体概要和析精剖微，构建以《国学概论》为导引，以《华夏文字》为根基，以《中国历史》为脉络，以《中国地理》为空间、以《国学典籍》为载体、以《国学思想》为内核，以《国学标签》为印记，以《国学智慧与企业治理》为主题，以《国学应用》为总成，辅以《人物志》解读、《周易》导读，纵向衔接、横向贯通、由表及里、关联紧密、自成一体的国学知识体系。

创新讲授方式，触类旁通启心智。不限于对国学知识直白引用，探索"思想＋技术＋艺术"创新融合授课方式。注重思辨性，紧扣时代脉搏提出国学"十问"[①]，力求通过独特的提炼、解读和呈现，实现凝结其间的深层思考。注重科学性，立足原著原典原文，精选名句名篇、格言诗词、史实案例，把零珠片玉的史实串联成穿越时空的生动画面。制作直观图表，把浩如烟海、晦涩难懂的知识内容进行总结、梳理、拆分、对比，深入解读其中奥义。注重艺术性，播放精美视频，体现科技感、渲染力、时代性，让受众在视听享受中理解和感悟古代先贤的理想追求与价值取向，真正让传统文化变得有址可寻、有物可看、有人可见、有事可说、有情可感。

促进学用贯通，以古鉴今铸品牌。注重以优秀传统文化价值在当代的运用为出发点和落脚点，开展"知"与"行"的有益探索，推动传承中华优秀传统文化与公司高质量发展相向而行、同频共振。重点围绕国学功能发挥，选取服务国家重大战略、建设世界一流企业、解决员工关心关切等多个方面，从中华优秀传统文化中寻找有益借鉴，把学习成果转化为促进个人、家庭、企

---

① 国学十问：传统文化的学习研究有何意义？国学体系的框架结构如何形成？华夏文字的前世今生是否了解？中华民族的悠久历史知道多少？千姿百态的地理地貌见过几许？国学典籍的传世名篇怎样品读？中国精神的思想源头来自哪里？中华文明的鲜明标志体现何处？传统文化的实践运用怎样进行？人生抱负的价值追求如何实现？

业、社会共同发展的具体行动和实际成效。对内涵养文化基因，建立测井文化体系，创建特色基层文化，举办测井文化论坛，立项研究"慧眼识藏、深地逐梦"知行体系，鼓励广大干部员工传承文化基因，将"格物致知""正心诚意""修齐治平"等价值追求内化于心、外化于行。对外塑造良好形象，打造测井品牌、举办高端用户会议、参与国际高端石油展会，加强与国际客户、对海外雇员的文化交流，在走向世界中讲好中国故事、传播好中国声音。

【实践效果】

国学大讲堂开办以来，因其极具知识性、系统性、思想性、趣味性、实用性的独特魅力，吸引广大干部员工关注聆听、研习领悟、学以致用、滋养心灵，成为中油测井传播中华优秀传统文化的专业化、经常化、品牌化平台，为新时代承担好文化强企责任、提高企业竞争"软实力"提供有益借鉴。

【启示】

知是行之始，行是知之成。中油测井兴办国学大讲堂，引导广大干部员工通过学习"日用而不觉"的中华优秀传统文化，找到打开国学大门、汲取国学智慧、付诸工作实践的路径和方法，激励全体干部员工以知促行、学以致用，有力推动了国学之"知"转化为企业之"行"，为推动建成世界一流测井公司注入强劲的精神力量和智慧源泉。

案例 15

"同人于野"：打造 CNLC 海外本土化尖兵

【背景介绍】

"同人于野，亨。利涉大川，利君子贞。"[①] 中油测井作为中国石油"走出去"的排头兵和践行"一带一路"倡议的测井主力军，积极推动中华优秀传统文化国际化传播，搭起文化"连心桥"，凝聚奋进"向心力"，画好职业"同心圆"，成功打造了一支 CNLC 海外本土化尖兵。

【主要做法】

以文化人，使其安心。"致天下之治者在人才，成天下之才者在教化。"[②] CNLC 以企业之窗展示中国之美，致力于当好中国故事的讲述者、中国文化的传播者。开展外籍员工中国行，组织游览中国名胜古迹、共庆中秋佳节，全面介绍中国历史文化、CNLC 发展历程，增强海外雇员对中华优秀传统文化和企业的了解，切实增强 CNLC 感召力、外籍员工忠诚度。诺巴托夫·艾则孜是 CNLC 的"老员工"，2008 年就在土库曼斯坦作业区工作，他对中国之行念念不忘，称"中国同事是我们亲密的朋友""如果有机会，还想再去一次中国""愿意一直在 CNLC 工作"。

休戚与共，助其安身。"穷则独善其身，达则兼善天下。"[③] CNLC 将尊重和仁爱带出国门，为当地提供就业岗位，助力当地经济建设，发展惠及海外员

[①] 杨天才译注．周易[M]．北京：中华书局，2022 年 2 月．
[②] 胡瑗．松滋儒学记[M]．上海：上海古籍出版社，1987 年．
[③] 杨伯峻．孟子译注[M]．北京：中华书局，2019 年 2 月．

工。来自乍得的阿卜杜拉耶·波坤已在 CNLC 工作快满 10 年，他说："从操作工到井口司令，再到作为工程师来中国参加培训，我实现了个人价值，照顾了家庭，生活越来越好。在 CNLC 工作让我有了一定的经济能力，不仅能够资助四个兄弟上学，还买了房子和车子，我现在也是两个孩子的父亲，相信在 CNLC 工作会让我感到越来越幸福"。

爱才好士，促其安业。"终身之计，莫如树人。"[①] 企业竞争的核心是人才竞争。CNLC 坚持"人才创建事业、事业造就人才"，全面开展海外作业区项目人员岗位培训，针对潜力突出的海外雇员，将其培养为既懂技术、又会管理的综合性人才，进一步畅通职业发展通道。推动巴基斯坦、哈萨克斯坦等国 28 名优秀外籍工程师全球调配，印度尼西亚、哈萨克斯坦、苏丹等多国外籍管理人员来华轮岗。皮尤什·库马尔·萨克尔是孟加拉国本土的工程师，具备操作多种测井仪器的能力。在中国培训后，萨克尔说："不论在孟加拉国还是在中国，中国老师们总是很有耐心地指导帮助我，让我更有信心成为一名全面的操作工程师"。

【实践效果】

中油测井持续推动海外雇员当地化、国际化，拥有一支近千人外籍员工队伍，海外整体本土化率达 87%，巴基斯坦实现"零中方"人员作业，有力支撑了国际业务跨越式发展。通过营造开放包容环境，促进文化交流融合，保障外籍员工权益，外籍雇员在 CNLC 实现安心、安身、安业，归属感、幸福感、成就感不断增强，个人价值与企业价值更为统一，有力彰显了企业雇主品牌，增强了文化适应性和市场敏感度，形成了共建世界一流、多元文化交融的和谐生动局面。

---

① 黎翔凤. 管子校注 [M]. 北京：中华书局，2020 年 6 月.

【启示】

"志合者,不以山海为远"[①]。中油测井践行和合共生理念,实施有效的本土化策略,以文化为纽带,以 CNLC 为平台,凝聚和感召海外本土雇员改变人生轨迹、实现自我价值,在双向"奔赴"中书写精彩的测井故事。

案例 16

"扶志纾困":致力燎原乡村振兴

【背景介绍】

实施乡村振兴战略,是以习近平同志为核心的党中央从党和国家事业全局出发、着眼于实现"两个一百年"奋斗目标、顺应亿万农民对美好生活的向往做出的重大决策。中油测井将乡村振兴作为重要政治责任,在助力燎原村乡村振兴的过程中,坚持鱼渔兼授、志智双扶,以精准帮扶的"星星之火",燃起乡村振兴的"燎原之势",擦亮为党为国家为人民的厚重底色。

【主要做法】

躬体力行,寻因定策。没有调查就没有发言权。驻村工作队将调查研究作为工作第一要务。核查基础数据,深入群众开展"地毯式"走访,不漏掉一家一户,覆盖全村动态建好"一户一档",了解村民所思、所想、所盼。调研发展瓶颈,深入田间地头,调研种植业、养殖业发展情况,听取意见建议,精准

---

① 葛洪.抱朴子外篇(张松辉、张景译注版)[M].北京:中华书局,2013 年.

识别出燎原村脱贫致富的"拦路虎"是交通不便、基础设施薄弱、公共服务滞后、产业项目缺乏。制定发展规划，驻村工作队经过多次研究讨论，制定出《燎原村"十四五"发展规划》，统筹推进产业、人才、文化、生态、组织"五大振兴"。明确食用菌生产、康养民宿、高山生态养殖"三业并进、共促振兴"的目标蓝图。

精准施策，破解困局。针对调研情况，围绕燎原村基础设施改善、公共服务完善、产业发展等工作，开展脱贫攻坚项目30多项。补齐基础设施短板，大力实施"三清四改四通五化"工程，硬化33.8公里村组公路，建成721米产业路，架通便民"油苑路""连心桥"，解决供电电压不稳、部分区域季节性缺水和网络信号覆盖问题，卫生厕所普及率提升至83%。推动支柱产业发展，坚持"富硒产品、康养文旅、生态养殖"等三大产业共同发展，成功培育食用菌品种10余类，年产各类食用菌30余万斤。引导村民成立四个专业合作社，推出茶叶、土蜂蜜、腊肉干、香菇等主打产品，支持农户增收。打造文旅新样板，建成运营燎原望山康养民宿一期工程，实现营业收入70.15万元。

引留人才，续力振兴。乡村要振兴，人才是关键。在人才"引、留、育"下足功夫，想方设法把青年人才引回来、留下来、使用好。优化人才"增量"。吸引高层次人才返乡就业创业，2名大学生返乡任职，3名新乡贤返乡创业，激活乡村"造血"功能。盘活人才"存量"。食用菌产业、望山民宿为村民提供就业岗位30余个，培养食用菌种植技术及销售人员、民宿经理3名。"请进来，送出去"开展各类职业技能培训，年转移劳动力就业493人。释放人才"能量"。利用集体产业蓬勃发展契机，吸引专家学者、技术人才等人才力量6名，全方位参与服务。建立大学毕业生等高层次人才"信息库"，通过微信联系群、加强政策宣传、定期组织活动等措施，引导人才和家乡"双向奔赴"。

慧眼识藏　深地逐梦
中油测井现代企业管理知行体系探索与实践

【实践效果】

燎原村成为紫阳县首个集体经济收益超 50 万元的行政村，就业人员月均增收超 2000 元，全体村民累计享受村集体产业发展分红超百万元。中油测井连续六年被评为陕西省定点帮扶"优秀单位"、省国资系统国企合力团"助力脱贫攻坚良好企业"，蝉联安康市社会扶贫先进单位、紫阳县"两联一包"扶贫先进单位等荣誉。驻村工作队连获陕西省年度驻村考核"优秀"等次，第一书记及 1 名驻村队员荣获陕西省"优秀驻村干部"。

【启示】

"志不立，则无可成之事"[①]。中油测井坚定履行社会责任，把扶贫与扶志有机结合，构建多元化帮扶机制，推动扶贫工作从"输血"向"造血"升级，切实让乡亲们信心"树起来"、心里"暖起来"、钱包"鼓起来"、生活"好起来"，形成了颇具测井特色的乡村振兴"燎原"模式。

---

① 王守仁. 王文成公全书（王晓昕，赵平略点校）[M]. 北京：中华书局，2024 年.

后记
POSTSCRIPT

2023年6月，中油测井学习贯彻习近平总书记在文化传承发展座谈会上的重要讲话精神，立足中油测井"十四五"战略实施和企业管理实际，用好"两个结合"这个最大法宝，坚持守正创新，提出建设基于理论与实践的"慧眼识藏、深地逐梦"现代企业管理知行体系，探索推动中华优秀传统文化在企业管理层面实现创造性转化、创新性发展，为加快建设特色鲜明的世界一流测井公司提供软实力支撑。同月，召开知行体系课题启动会，研究制订实施方案，成立由计划企管、组织人事、市场生产、财务资产、党群宣传等本部部门及长庆分公司、塔里木分公司、国际公司、培训中心等试点单位负责人组成的知行体系建设实施小组，组建以党建研究所为主体的课题专班。10月，以软科学研究课题形式对中油测井现代企业管理知行体系立项。12月，课题专班深入本部部门、试点单位开展调研，召开4次集体座谈会，共计访谈高级管理人员3位，中级管理人员16位，管理岗位、业务骨干、劳动模范、先进代表约50余人，整理形成约15万字的访谈记录。通过以上工作，为项目研究积累了大量资料，汇聚了管理层共识。

2024年2月，公司举办知行体系集中培训班，邀请西安交通大学、西北大学、陕西师范大学等专家学者，围绕儒、道、兵、法、墨等中华优秀传统文化思想精心授课，有关部门和试点单位进行案例分享，推动优秀传统文化思想融入公司企业管理实践。3月，组织本部部门、试点单位提交案例选题。4月，经反复研讨，下达案例编写安排，形成课题成果编写框架。7月，经过近百天

慧眼识藏　深地逐梦
中油测井现代企业管理知行体系探索与实践

的集中撰稿，形成约 25 万字的报告初稿。9 月，针对初稿之不足，组织全面修改并形成第二稿。国庆节后，召开内部讨论会，听取本部部门、基层单位意见，修改补充形成第三稿。10 月底，召开外部专家研讨会，专程邀请大庆油田、长庆油田、冀东油田、勘探开发研究院、渤海钻探、川庆钻探、东方物探和西安交通大学、西北大学、西安市委党校的领导、专家，对知行体系成果报告提出重要修改意见。11 月，专班认真消化吸收外部专家研讨成果，精细打磨形成第四稿。12 月，在重点征求外部专家组组长意见的基础上形成第五稿。2025 年 2 月，呈送公司班子成员、助理副总师、党群部门负责人征求意见，并经保密审核形成第六稿。3 月中、下旬，经征求编委会意见，正式提交石油工业出版社编审出版。

本书是中油测井"十四五"以来企业管理创新的实践成果，是全体干部员工践履"慧眼识藏、深地逐梦"测井精神的生动阐释，是集体智慧的结晶。在知行体系建设实施小组的领导下，党委组织部、党群工作部牵头负责课题运行工作。具体撰写分工如下：使命篇、致知篇由宋德静负责；践行篇由崔启慧负责；特色篇由崔启慧、郭文元、郑军锋、赵超、喻安友负责。李雪松、邵舒、刘雨烟主要负责课题调研、培训组织、案例初审、资料梳理等工作。在案例征集过程中，本部部门、试点单位积极参与，总结撰写形成特色案例初稿 90 余个，为后期案例精选打下坚实的基础。

课题运行过程中，知行体系实施小组和课题专班全程参加"国学大讲堂"，阅读学习文献著作 30 余册，总结梳理各类报告材料、课件 70 余份，组织专家研讨会 1 次，公司内部和专班讨论会 10 余次，征求意见 130 余条，形成过程稿 12 版，通过删繁就简、弥补遗漏，力求主干清晰、言之有物。北京永秀智库企业管理咨询有限责任公司全程提供高质量咨询服务。

本书收录了编委会成员、指导专家和主要参与人员。在此，对所有关心、支持知行体系课题并提供帮助的领导、专家和同仁表示衷心的感谢。特别对宋

后记

传修、刘金平、惠延德、王翼成、冯星晨等专家、老师表示诚挚的谢意。

  目前国内"两个结合"运用于企业管理仍处于探索阶段，国央企层面也缺少可供学习、借鉴的成熟案例，"慧眼识藏、深地逐梦"现代企业管理知行体系迈出了坚实的一步。由于时间较短，受执笔人员水平所限，知行体系课题成果还不尽成熟，甚至存在不少疏漏，诚恳希望各位读者提出宝贵意见，以便不断修改、臻于完善。

编委会

2025 年 3 月 28 日

参考文献

REFERENCES

【专著】

[1] 陈占夺. 中国特色国有企业管理 [M]. 北京：中国经济出版社，2022：25.

[2] 《中国石油测井简史》编委会. 中国石油测井简史 [M]. 北京：石油工业出版社，2022：3，27，36，79，232，301.

[3] 朱熹. 朱子语类 [M]. 黎靖德，编. 北京：中华书局，2020.

[4] 金履祥. 论语集注考证 [M]. 上海：上海古籍出版社，2022.

[5] 王阳明. 传习录 [M]. 陆永胜，译注. 北京：中华书局，2021.

[6] 黎翔凤. 管子校注 [M]. 北京：中华书局，2020.

[7] 钱宗武. 尚书译注 [M]. 北京：中华书局，2022.

[8] 杨伯峻. 孟子译注 [M]. 北京：中华书局，2019.

[9] 张载. 张载集 [M]. 章锡琛，点校. 北京：中华书局，1978.

[10] 习近平. 论"三农"工作 [M]. 北京：中央文献出版社，2022.

[11] 陈寿. 三国志 [M]. 陈乃乾，点校. 北京：中华书局，2012.

[12] 张景，张松辉，译注. 道德经 [M]. 北京：中华书局，2021.

[13] 杨天才，译注. 周易 [M]. 北京：中华书局，2022.

[14] 朱熹. 仪礼经传通解正续编 [M]. 北京：北京大学出版社，2012.

[15] 胡平生，张萌，译注. 礼记 [M]. 北京：中华书局，2017.

[16] 郭丹，程小青，李彬源，译注. 左传 [M]. 北京：中华书局，2024.

[17] 梁启超. 梁启超经典 [M]. 北京：当代世界出版社，2016.

[18] 范仲淹. 范仲淹全集 [M]. 北京：中华书局，2020.

[19] 顾炎武. 日知录集释 [M]. 北京：中华书局，2024.

[20] 程颢，程颐. 河南程氏遗书 [M]. 合肥：黄山书社，2022.

[21] 王夫之. 尚书引义 [M]. 北京：中华书局，1999.

[22] 杨伯峻. 论语译注 [M]. 北京：中华书局，2017.

[23] 方勇，译注. 荀子 [M]. 北京：中华书局，2011.

[24] 陈曦，译注. 孙子兵法 [M]. 北京：中华书局，2022.

[25] 王夫之. 周易外传 [M]. 北京：中华书局，1977.

[26] 陈桐生，译注. 国语 [M]. 北京：中华书局，2013.

[27] 徐富宏，译注. 鬼谷子 [M]. 北京：中华书局，2019.

[28] 李定生，徐慧君. 文子校释 [M]. 上海：上海古籍出版社，2016.

[29] 方勇. 荀子译注 [M]. 北京：中华书局，2011.

[30] 王安石. 王安石文集 [M]. 北京：中华书局，2021.

[31] 韩愈. 韩愈文集汇校笺注 [M]. 北京：中华书局，2018.

[32] 方勇，译注. 墨子 [M]. 北京：中华书局，2015.

[33] 王天海，杨秀岚，译注. 说苑 [M]. 北京：中华书局，2019.

[34] 魏收. 魏书 [M]. 唐长孺，点校. 北京：中华书局，2016.

[35] 方勇，译注. 庄子 [M]. 北京：中华书局，2015.

[36] 张世亮，钟肇鹏，周桂钿，译注. 春秋繁露 [M]. 北京：中华书局，2018.

[37] 胡平生，张萌. 礼记译注 [M]. 北京：中华书局，2017.

[38] 陈澹然. 寤言 [M]. 刻本. 长沙：徐崇立，1902（光绪二十八年）.

[39] 桓宽. 盐铁论 [M]. 陈桐生，译注. 北京：中华书局，2015.

[40] 刘安. 淮南子 [M]. 陈广忠，译注. 北京：中华书局，2022.

[41] 司马迁. 史记 [M]. 陈曦，等译注. 北京：中华书局，2022.

[42] 颜元. 颜元集 [M]. 北京：中华书局，1987.

[43] 吴兢. 贞观政要 [M]. 骈宇骞，译注. 北京：中华书局，2022.

[44] 高华平，等译注. 韩非子 [M]. 北京：中华书局，2015.

[45] 唐宇辰，徐湘霖，译注. 申鉴中论 [M]. 北京：中华书局，2020.

[46] 张居正. 张居正全集 [M]. 武汉：崇文书局，2022.

[47] 唐书文.六韬·三略[M].上海：上海古籍出版社，2023.

[48] 张景，张松辉，译注.孝经忠经[M].北京：中华书局，2022.

[49] 叶植.习凿齿文史合集校注[M].北京：中国社会科学出版社，2023.

[50] 陆玖，译注.吕氏春秋[M].北京：中华书局，2022.

[51] 王秀梅，译注.诗经[M].北京：中华书局，2015.

[52] 顾炎武.日知录集释[M].北京：中华书局，2024.

[53] 傅玄.傅子评注[M].刘治立，评注.天津：天津古籍出版社，2010.

[54] 汤化.晏子春秋译注[M].北京：中华书局，2015.

[55] 辛弃疾.美芹十论[M].广州：中山出版社，2012.

[56] 戴庞海.兵经百字唐李问对[M].郑州：中州古籍出版社，2018.

[57] 陈亮.龙川文集选注[M].卢敦基，庄国瑞，选注.杭州：浙江人民出版社，2024.

[58] 朱熹.朱子家训[M].上海：华东师范大学出版社，2014.

[59] 苏辙.苏辙集[M].北京：中华书局，2017.

[60] 丘濬.大学衍义补[M].镇江：江苏大学出版社，2018.

[61] 胡瑗.松滋儒学记[M].上海：上海古籍出版社，1987.

[62] 吕祖谦.东莱集选注[M].杭州：浙江人民出版社，2024.

[63] 金国永.司马相如集校注[M].上海：上海古籍出版社，2024.

[64] 房玄龄.晋书[M].梁满仓，校注.上海：上海古籍出版社，2024.

[65] 王夫之.宋论[M].王嘉川，译注.北京：中华书局，2008.

[66] 司马光.资治通鉴[M].北京：中华书局，2011.

[67] 欧阳修.欧阳修诗文集校笺[M].上海：上海古籍出版社，2009.

[68] 魏源.魏源集[M].北京：中华书局，2018.

[69] 刘劭.人物志[M].梁满仓，译注.北京：中华书局，2018.

[70] 习近平.论党的青年工作[M].北京：中央文献出版社，2022.

[71] 葛洪.抱朴子外篇[M].张松辉，张景，译注.北京：中华书局，2013.

[72] 焦延寿.焦氏易林注[M].北京：九州出版社，2010.

[73] 王守仁.王文成公全书[M].王晓昕，赵平略，点校.北京：中华书局，2024.

慧眼识藏　深地逐梦
中油测井现代企业管理知行体系探索与实践

【报纸】

[1] "弘扬石油精神"调研组. 凝聚新时期干事创业的精神力量——写在习近平总书记作出石油精神重要批示3周年之际[N]. 学习时报，2019-6-5（8）.

[2] 习近平. 在常学常新中加强理论修养在知行合一中主动担当作为[N]. 人民日报，2019-3-2（1）.

[3] 习近平. 立志做党光荣传统和优良作风的忠实传人在新时代新征程中奋勇争先建功立业[N]. 人民日报，2021-3-2（1）.

[4] 习近平. 在纪念毛泽东同志诞辰120周年座谈会上的讲话[N]. 人民日报，2013-12-27（2）.

[5] 习近平. 在庆祝"五一"国际劳动节暨表彰全国劳动模范和先进工作者大会上的讲话[N]. 人民日报，2015-4-29（2）.

[6] 习近平. 青年要自觉践行社会主义核心价值观——在北京大学师生座谈会上的讲话[N]. 人民日报，2014-5-5（2）.

[7] 习近平. 在文艺工作座谈会上的讲话[N]. 人民日报，2015-10-15（2）.

[8] 习近平. 在庆祝中华人民共和国成立65周年招待会上的讲话[N]. 人民日报，2014-10-1（2）.

[9] 王毅. 坚持正确义利观积极发挥负责任大国作用——深刻领会习近平同志关于外交工作的重要讲话精神[N]. 人民日报，2013-9-10.

[10] 习近平. 共创中韩合作未来同襄亚洲振兴繁荣——在韩国国立首尔大学的演讲[N]. 新华网，2014-7-5（2）.

[11] 习近平. 在中央外事工作会议上的讲话[N]. 人民日报，2014-11-30.

[12] 习近平. 携手建设中国—东盟命运共同体——在印度尼西亚国会的演讲[N]. 人民日报，2013-10-4（2）.

[13] 习近平. 以解决突出问题为突破口和主抓手推动党的十八届六中全会精神落到实处[N]. 人民日报，2017-2-14（1）.

[14] 习近平. 深化文明交流互鉴共建亚洲命运共同体[N]. 人民日报，2019-5-16（2）.

[15] 习近平. 更好统筹国内国际两个大局夯实走和平发展道路的基础[N]. 人民日报，

2013-1-30.

[16] 习近平. 在中国国际友好大会暨中国人民对外友好协会成立60周年纪念活动上的讲话[N]. 人民日报，2014-5-16（2）.

[17] 习近平. 在企业家座谈会上的讲话[N]. 人民日报，2020-7-22（2）.

[18] 习近平. 迈向命运共同体开创亚洲新未来——在博鳌亚洲论坛2015年年会上的主旨演讲[N]. 人民日报，2015-3-29（2）.

[19] 习近平. 加大改革落实工作力度让人才创新创造活力充分迸发[N]. 人民日报，2016-5-7（1）.

[20] 习近平. 建设宏大高素质干部队伍确保党始终成为坚强领导核心[N]. 人民日报，2013-6-30（1）.

[21] 杜尚泽等. 记习近平主席会见俄汉学家、学习汉语的学生和媒体代表[N]. 人民日报，2013-3-25.

[22] 习近平. 在网络安全和信息化工作座谈会上的讲话[N]. 人民日报，2016-4-26（2）.

[23] 习近平. 在中国科学院第十九次院士大会、中国工程院第十四次院士大会上的讲话[N]. 人民日报，2018-5-29（2）.

[24] 习近平. 开启中非合作共赢、共同发展的新时代——在中非合作论坛约翰内斯堡峰会开幕式上的致辞[N]. 人民日报，2015-12-5（2）.

[25] 习近平. 借鉴历史经验创新合作理念让"一带一路"建设推动各国共同发展[N]. 人民日报，2016-5-1（1）.

[26] 习近平. 巩固拓展主题教育成果为强国建设民族复兴伟业汇聚强大力量[N]. 人民日报，2023-12-23（1）.

[27] 习近平. 深入学习贯彻党的二十届三中全会精神凝心聚力推动改革行稳致远[N]. 人民日报，2024-10-30（1）.

[28] 吴向廷. 以知行合一促进党性教育[N]. 人民日报，2018-6-27（7）.

【期刊】

[1] 习近平. 在文化传承发展座谈会上的讲话[J]. 求是，2023（17）.

[2] 闫建文."石油精神"解析与传承[J].石油政工研究,2016(4):55.

[3] 习近平.推进中国式现代化需要处理好若干重大关系[J].求是,2023(19).

[4] 习近平.牢记初心使命,推进自我革命[J].求是,2019(15).

[5] 习近平.文明交流互鉴是推动人类文明进步和世界和平发展的重要动力[J].求是,2019(9).

[6] 习近平.更好把握和运用党的百年奋斗历史经验[J].求是,2022(13).

[7] 习近平.深入实施新时代人才强国战略加快建设世界重要人才中心和创新高地[J].求是,2021(24).

【网站】

[1] 中国石油天然气集团有限公司党组.党领导新中国石油石油工业的历史经验与启示[EB/OL].学习强国学习平台,2021-11-17. https://www.xuexi.cn/lgpage/detail/index.html?id=17965612354211015667&item_id=17965612354211015667.